¡ALTO AL BULLYING! me encantó. Extremadamente útil y fácil de leer. El libro nos da varios ejemplos y explica, cuidadosamente, qué funciona y qué no. También me parece maravilloso que ofrezca ejemplos de posibles conversaciones entre los acosados y los acosadores. ¡Ojalá hubiera tenido este libro hace veinte años! Sin duda hubiera cambiado la forma en que trato a mis *bullies*. ¡Este libro es absolutamente necesario!
Dra. Donna Robinson, Pennsylvania, EUA

¡ALTO AL BULLYING! me hizo llorar. Este libro es una llamado a despertar, a tomar acciones positivas. Es el mejor libro de *bullying* que he leído. Es un libro necesario para las víctimas, los *bullies*, los testigos y los padres.
Shahreen Kamaluddin, Kuala Lumpur, Malasia

Llevo veinte años recomendando los libros de Andrew Matthews. Son tan sencillos y muy útiles que los recomiendo no sólo a mis pacientes, también a sus familias.
Walter Kiris, Psicólogo, Sydney, Australia

Tus libros fueron una luz cuando me encontraba en completa oscuridad. Me cambiaron como persona y también transformó la manera en que veo la vida. Ahora, tus libros son una especie de Biblia para mi. Quiero expresarte mi VERDADERO Y PROFUNDO APRE-CIO por tus libros y tu mensaje.
Moonsun Chio, Corea.

Estoy muy agradecida por haber encontrado tus libros. ¡Gracias por escribir las guías de usuario, primordiales para vivir al máximo!
Tracy-Ann Leith, Montreal, Canadá

Es gracias a tus libros que ahora soy una persona más segura, más inteligente, más motivada y muchas cosas más que se suman a la lista. Con toda sinceridad, ¡muchas gracias, Andrew Matthews!
Predrag Ivanovic, Serbia

Leer tus libros, literalmente, me salvó la vida.
Jonas Ramos, Filipinas

Andrew, ¡¡tus libros son los mejores que he leído!! Y los leo una y otra vez porque no me canso de ellos y siempre me hacen sentir genial.
Myles Oldham, Cuba

Tus libros son lo mejor para empezar a mover mi trasero y aplicarme en hacer las cosas.
Audrey Heng, Singapur

He leído tu libro muchas, muchas veces y aún así, intento leerlo una y otra vez. Es GENIAL. Muchas gracias.
Naanaz Mehrad, Arizona

Gracias por tus excelentes libros. Los leí cuando estaba en mis veinte... ahora los comparto con mis alumnos.
Kimyee Wong, Malasia

Tus libros logran cosas maravillosas. Siempre tuve rencor hacia mí misma por reprobar exámenes. Me costaba trabajo hacer amigos. Ahora, mi vida ha cambiado por completo y no tengo palabras para expresar mi felicidad. Gracias.
Nguyen Duc An Khanh, Vietnam

Tus libros en verdad cambiaron mi vida. Sólo quiero decir ¡¡GRACIAS!!
Silvia Brazzoli, Italia

He leído tus libros y escuchado tus discos por muchos años, y por fin tuve la oportunidad de poner tus consejos en práctica. Es increíble, no puedo creer lo bien que funcionan las cosas si los aplicas a diario. ¡Gracias, Andrew!
Glen McIntosh, Australia

Andrew, en tu nuevo libro ¡Alto al bullying! llegas al corazón de la vida. Nos brindas una imagen completa y comprensiva de los factores endémicos del *bullying*. Nos revelas que no se trata sólo de autoestima y del uso de la fuerza, sino también de una cuestión de cultura, de paternidad y del respeto que debemos tener entre unos y otros. Tu libro es un viaje a la desesperación y a la desolación del suicidio, a la crueldad que puede existir en detrimento de la esperanza y la conciencia de que podemos construir mejores relaciones y mejores vidas si vivimos con consideración y amabilidad.
Walter Kiris, Sydney, Australia

Soy un pediatra en Filipinas; tengo cuatro hijos de 3, 5, 6 y 11 años. Acabo de terminar tu libro acerca del *bullying*, desde que empecé perdí la noción del tiempo y me absorbí por completo en el problema del *bullying*, los escenarios que planteas y los pasos que propones para resolver las dificultades. En varias ocasiones mis ojos se llenaron de lágrimas leyendo los testimonios de las víctimas. Yo tuve mi propia experiencia durante mis años de estudiante porque era el más joven y pequeño de mi clase (tenía 5 cuando mis compañeros ya estaban cumpliendo 7 y 8 años). Mis padres, quienes eran maestros en la escuela, me ayudaron mucho a superar el problema y a darme cuenta de que no hay razón alguna para tener que soportar el hecho de ser acosado. Después de leer tu libro, me comprometo a no ser un testigo pasivo si algún día estoy frente a un caso de *bullying*. Muchas gracias por compartir tu conocimiento con el público; la riqueza que he ganado con ¡Alto al bullying! me ayudará ahora que soy yo quien tiene hijos vulnerables al *bullying*.
Anna Czarina Gracia N. Red, MD, Philippines

Andrew, gracias por escribir ¡Alto al bullying! Tiene muchísimo contenido interesante que me ha dado un mejor entendimiento de por qué este problema es tan real. Todos los padres deberían leer este libro, sin importar si creen que el problema se relaciona con sus hijos o no. Y todos los niños de la comunidad escolar deben saber el rol tan importante que tienen para ponerle un "alto al *bullying*". Tu trabajo es increíble.
Janita Skennar, Australia

¡ALTO al BULLYING!

Julie y Andrew Matthews

alamah

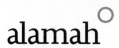

¡ALTO al BULLYING!
Copyright © 2011 por Julie y Andrew Matthews
Título original: *Stop the Bullying!*
Publicado en inglés por Seashell Publishers; Queensland, Australia.

De esta edición:
D.R. © Santillana Ediciones Generales, S.A. de C.V., 2012.
Av. Río Mixcoac 274, Col. Acacias
C.P. 03240, México, D.F.

Primera edición: abril del 2012.

ISBN: 978-607-11-1782-3

Traducción: Carlos Tejada Wriedt

Impreso en México

PRISA EDICIONES

CÓMO NACIÓ ESTE LIBRO

En 2009, Julie, mi esposa y editora, escuchó las historias de Allem Halkic y Richard Plotkin y me dijo: "Andrew, debemos hacer algo. Debemos escribir un libro para ayudar a detener el bullying." Desde ese momento, Julie ha sido el motor de este proyecto. Ha investigado, hecho llamadas telefónicas, abordado aviones y entrevistado a mucha gente para que esto sucediera.

Y, por supuesto escribimos el libro juntos, frase por frase.

Julie, una vez más, gracias, querida. Eres una inspiración. Eres mi inspiración.

Andrew Matthews

¡GRACIAS!

Gracias a la Policía de Victoria y al Escuadrón de Incendios y Explosivos dirigido por el sargento Scott Barnes por apoyar este proyecto.

A Vicki Vassilopoulos de la Policía de Victoria, gracias por la ayuda continua y el profesionalismo.

A Leon O'Brien y Sally Gibson de la oficina de Abogacía Pública, gracias por tomarse el tiempo para darnos información crítica del caso de Richard Plotkin.

A Julia Schembri, de Schembri y Cia., gracias.

Dina y Ali Halkic, gracias por las horas que pasaron con nosotros. Su amor, su coraje y su motivación fueron una inspiración verdadera.

Gordon Keane, gracias por abrirte con tal honestidad en tu historia.

Tori Matthews-Osman, gracias por compartir tus experiencias.

A Michele Street, gracias por ayudarnos con tus investigaciones, edición y toda la ayuda en Seashell Publishers.

A Stan Davis, Michele Ellios, Katie Jarvis, Helen Peuleve y Maryjanes, y Carlo Chiarotto, gracias por sus contribuciones. Gracias por sus consejos y generosidad. Gracias por contestar nuestros correos con gran rapidez y por tomar nuestras llamadas cuando necesitábamos su ayuda. A Jane Thomas, gracias por tu ayuda, una vez más.

A Kate Halfpenny, editora ejecutiva de la revista *Who*, y a Robin Bailey de Radio 97.3 FM de Brisbane, gracias por su amable asistencia.

A todos los que nos enviaron sus historias, de donde hemos aprendido tanto, muchas gracias. ¡No pudimos encontrar espacio para todas en el libro! A nuestros lectores, gracias por veinte años de apoyo y gracias por sus correos diarios, que nos inspiran y mantienen escribiendo.

Julie M. Matthews, editora

BULLYING EN CASA

PAPÁ

HERMANO MAYOR

HERMANO MENOR

ROCKY

ANDREW MATTHEWS

ÍNDICE

ACOSADO A MUERTE

1

Ciber-bullying: Dina y Ali Halkic cuentan la historia de su hijo, Allem

La noche del miércoles 4 de febrero de 2009 era como cualquier otra. Nuestro hijo, Allem, cenó con nosotros y luego se fue con su amigo Thanh a casa de otra amiga, Mónica. Pasaron la noche enseñándole a la hermana menor de Mónica a jugar cartas.

Allem llegó a casa alrededor de las 10 p.m. Le preguntó a mi esposa Dina: "¿Qué comeremos mañana?"

Dina dijo: "Está en el refrigerador."

Allem parecía contento. Tomó una bolsa de papas y una lata de Coca-Cola, su botana habitual. Fue a su cuarto y cerró la puerta.

Era casi medianoche cuando lo escuchamos, aún, en su computadora. Yo estaba a punto de levantarme y decir "Allem, debes apagar todo ahora, mañana tienes escuela." Pero no escuchamos nada más y Dina y yo nos fuimos a dormir.

Despertamos a las 6:30 y encontramos su puerta abierta. El cuarto de Allem estaba vacío. En su cama había una nota. Allem había ido al puente West Gate.

En estado de *shock*, aturdidos, entumecidos, llamamos a todos sus amigos. Nadie sabía nada. Llamamos a la policía.

A las 7:15, la policía llamó de regreso. Preguntaron si Allem cargaba una bomba de insulina, y de qué color era. Supimos que algo estaba muy mal.

A las 7:30, una patrulla se estacionó en nuestra entrada, pero los oficiales se quedaron ahí sentados durante varios minutos. Parecía que no querían bajarse. Nos paramos en la puerta de entrada. Dina me apretó muy fuerte.

Le pregunté a los policías: "¿Está vivo nuestro hijo?"

Y ellos dijeron: "Lo sentimos, señor Halkic. Está muerto."

El cuerpo de Allem había sido encontrado al pie del puente. No puedo describir ese momento. Algo dentro de ti muere.

Allem era nuestro único hijo y era todo lo que hubiéramos deseado para nosotros. Era sensible, inteligente y excepcionalmente considerado. Allem tenía muchos amigos que conocíamos bien; venían a casa a comer, a tocar música o a pasar el rato.

Allem amaba a Metallica, amaba su iPod, amaba tocar su guitarra y jugar póquer. Amaba las milanesas con papas de su mamá.

Éramos una familia muy cercana y feliz. Nuestra vida giraba alrededor de Allem y sus amigos. Sentíamos que formábamos parte de su vida tanto como unos padres pueden hacerlo.

Incapaces de creer o comprender la tragedia, nos preguntamos: "¿Qué era tan terrible como para que no nos enteráramos nunca?"

Allem en el ciberespacio

A Allem le gustaba chatear con sus amigos en su computadora. Hablaba con diez o quince personas al mismo tiempo. Yo solía escuchar sonidos saliendo de su cuarto, entraba y le preguntaba, "Allem, ¿qué son todas esas ventanas?"

> *Nos preguntamos: «¿Qué era tan terrible como para que no nos enteráramos nunca?»*

Y me explicaba: "Son mis amigos."

Yo preguntaba: "¿Cómo es que hablas con todas esas personas a la vez?"

Él se encogía de hombros y sonreía, "Todos lo hacemos."

Siempre supusimos, "nuestro hijo está en casa con nosotros, en su cuarto. Si está bajo nuestro techo está a salvo y nadie puede lastimarlo."

En diciembre de 2008, Allem se había peleado con un amigo. Este amigo, tres años mayor que Allem, había hecho comentarios insultantes sobre otro amigo de Allem. La discusión comenzó a escalar. Allem comenzó a recibir mensajes de texto y correos electrónicos amenazadores: *"Eres puras palabras y nada de acción, espera a que ponga mis manos sobre ti. Desde ahora te aviso que te mandaré al hospital... No te sorprendas si terminas lastimado pronto. Te metiste con la persona equivocada... es hora de la venganza... Reconocerás mi auto cuando lo conduzca sobre ti: el blanco con el reflector arriba."*

También lo amenazaban con involucrar a pandillas violentas muy bien conocidas. El perpetrador envió correos a sus amigos animándolos a ponerse en su contra: *"Vamos a aplastar a ese «perro»."*

Allem recibió más de trescientos mensajes amenazadores en su teléfono y su computadora. El acoso era implacable. Dina cuenta: "Escuchábamos a Allem reventando las teclas de su computadora pero no sabíamos lo que estaba haciendo en línea. No sabíamos que estaba tratando de salvar su vida." Nunca nos percatamos de que Allem estaba batallando, ni definitivamente vimos ninguna señal de que se fuera a quitar la vida. Su amigo Cain dijo después: "A Allem no le gustaban los conflictos. Era típico que no quisiera molestar a sus amigos... no tenía un sólo hueso malo en el cuerpo."

El futuro que Allem nunca vio

Durante las vacaciones navideñas de 2008, Allem vino a trabajar conmigo un par de semanas. Yo trabajo para una compañía internacional de correo exprés y logística. El trabajo de Allem consistía en empacar y clasificar paquetes. Cuando comenzó de nuevo la escuela, noté que un código de barras del trabajo estaba pegado en su puerta. Me explicó con una sonrisa: "Papá, todos los días esto me recuerda por qué debo seguir en la escuela."

> *Nunca te imaginas que diecisiete años después sostendrás a ese mismo niño con cada hueso de su cuerpo hecho pedazos.*

Dina y yo estábamos muy orgullosos. Allem había hecho una solicitud en la universidad. Yo tenía un auto escogido para él. Allem quería ser chef y viajar por todo el mundo en un crucero de lujo.

Estábamos tan emocionados cuando Allem nació. Sostienes a un bebé recién nacido entre tus brazos y nunca te imaginas que diecisiete años después sostendrás a ese mismo niño con cada hueso de su cuerpo hecho pedazos. Nunca te imaginas que diecisiete años después enterrarás a tu querido hijo bajo circunstancias tan horribles, y que nunca lo volverás a ver.

Ochocientas personas llegaron al funeral de Allem.

> *Hay un agujero en mi corazón, un dolor físico punzante.*

La maldición del suicidio

Han pasado tres años desde que perdimos a nuestro hijo por el ciber-bullying. Cada segundo es una tortura. Hay un agujero en mi corazón, un dolor físico punzante. Cada día espero no despertar. Los fines de semana son los peores.

Veo a un niño de cuatro años con sus padres, en un parque o en un centro comercial, y pienso en Allem a esa edad. Me siento feliz por los padres, de que tengan a su hijo, y me detengo a verlo jugar, y sus padres probablemente se detienen a verme y se preguntan "¿Qué estás mirando?"

Veo a un adolescente y pienso en Allem. Allem tenía un amigo que se vestía como él y se peinaba como él. Solía venir muy a menudo a casa, incluso después de la muerte de Allem. Es un gran chico, pero sólo verlo me parte el corazón. Quien nunca ha perdido a un hijo no podría comprenderlo.

Me agacho a amarrar mis agujetas y me acuerdo de cuando se las amarraba a Allem. Todo es un recordatorio.

Cada persona tiene su propio olor. Un hijo tiene su esencia. El cuarto de Allem tenía la esencia de Allem. Cuando lo perdimos, Dina y yo nos sentábamos en ese cuarto para oler su esencia. Ésta permaneció alrededor de seis meses. Era confortante para nosotros. Uno se sostiene de lo que puede.

Cuando pierdes a un hijo, haces cosas que no tienen sentido porque la vida no tiene sentido. Dina aún cocina para Allem todas las noches. Lava su ropa cada semana. Todos los días cargo un portafolios con todas sus cosas dentro, incluso su reporte de autopsia. La vida de Allem está en mi portafolios.

Visitamos la tumba de Allem tres, cuatro, cinco veces a la semana. ¿Nos sentimos mejor cuando estamos ahí? Sí... no... no lo sé.

Una y otra vez, nos hacemos las mismas preguntas:

¿Y si hubiéramos puesto más atención a su computadora?

¿Y si hubiéramos despertado a tiempo?

¿Y si nos hubiéramos hecho más preguntas?...

Es una cadena perpetua de preguntas.

Odio a los mentirosos, odio a la gente que pretende ser algo que no es. Pero yo lo pretendo todos los días. Todos los días miento. Voy al supermercado y mis amigos me preguntan: "¿Cómo estás?"

"Bien", les digo.

La gente en el trabajo me pregunta: "¿Cómo te va?"

"Bien", les contesto.

Todo es una mentira.

Habla con tus hijos sobre la muerte y el suicidio

Nosotros nunca hablamos con Allem sobre la muerte o el suicidio. Si Allem hubiera sabido cuánto sufriríamos; si hubiera sabido cuántas lágrimas derramaría su madre, nunca hubiera hecho lo que hizo.

Si Allem hubiera sabido que sus amigos quedarían marcados de por vida, nunca hubiera roto la suya. ¿Pero cómo iba a saber del desastre que dejaría? ¿Cómo puede comprender eso un adolescente? Si un enfermo terminal de sesenta y cinco años decide terminar con todo, sabe lo que hace. Pero un adolescente no, Allem no.

Tengo amigos cuyos hijos se han quitado la vida. Como yo, ellos nunca les hablaron a sus hijos sobre el suicidio o la muerte. A diferencia de mí, nunca hablan de sus hijos; nunca hablan del suicidio.

Es una agonía hablar de eso, pero debemos hacerlo por el bien de todos los adolescentes. Yo era muy ingenuo. Solía creer que el bullying era exclusivo de chicos rechazados, o gordos, o muy flacos. Creía que el suicidio sólo sucedía en familias disfuncionales. Ahora sé que no es así.

El mito

Existe el mito de que los chicos acosados son los rechazados. El mito dice que las víctimas del bullying son chicos depresivos y solitarios. Pero Allem Halkic era tan feliz y centrado como lo podría ser un chico de diecisiete años. Y era tan querido como podía serlo. Pero ningún adolescente está equipado para sufrir amenazas implacables sobre su vida. Si Allem, quien era feliz, centrado y querido por sus padres, fue vulnerable, cualquier chico lo es.

La primera condena por ciber-acoso en Australia

El perpetrador fue procesado por la Policía de Victoria, se declaró culpable y fue condenado. Ésa fue la primera condena por ciber-acoso en Australia.

Alrededor del mundo, las leyes se están poniendo al tanto con los bullies. Ni los padres ni los maestros deben seguir descartando el bullying como "algo que todo el mundo hace." Cuando los niños resultan lastimados, ya no es más *un juego que sale mal.* Los bullies están siendo enjuiciados y encarcelados.

Allem es uno de los innumerables adolescentes que han sido llevados al abismo por el bullying. Ahora mismo, en Chicago, Oslo, Tokio y Manchester, y un centenar de ciudades más, hay chicos intentando suicidarse o planeándolo.

En países occidentales, el suicidio es la principal causa de muerte entre los jóvenes. Más adolescentes mueren por suicidio que por drogas o accidentes automovilísticos. Les decimos a nuestros hijos que se mantengan lejos de las drogas, que conduzcan cuidadosamente. Les hablamos sobre comida, moda y futbol, pero ¿quién les está hablando sobre el suicidio? Aún es un tema tabú. "¡No nos pasará a nosotros!", pensamos.

Debemos pasar el mensaje a nuestros hijos: "El bullying se termina; el suicidio es para siempre."

La lucha de los Halkic para limpiar el nombre de Allem

La corte encontró al bully culpable de un crimen, pero esto no fue suficiente para Dina y Ali Halkic. "La gente supone que si alguien se suicida es porque estaba deprimido, pero Allem no lo estaba", dice Ali. Y ahora se han encargado de comprobarlo.

Buscaron la ayuda de Julia Schembri, de Schembri y Cia. Abogados, y en conjunto llevaron el caso de Allem al Tribunal de Asistencia Criminal de Victoria. Trabajaron en el caso durante un año y probaron que el suicidio de Allem era el resultado directo de un acto de violencia en línea. Esto fue un parteaguas en Australia. Probaron que el ciber-acoso puede matar.

"Estaba decidida a marcar una diferencia para los Halkic y para restaurar la dignidad de Allem al comprobar que murió como resultado de violencia en línea", dice Julia Schembri, especialista en el campo de víctimas de crímenes.

En una carta dirigida al Ministro del Tribunal, Ali escribió: "Su decisión ha restaurado por mucho la dignidad y el honor de Allem. Le ha regresado a mi esposa su orgullo y el sentimiento de que no falló como una madre, y de que puede estar orgullosa por su crianza. Nos ha dado una oportunidad de vivir y una razón para continuar, pues ahora creemos que las cosas pueden cambiar. La lucha fue difícil, pero comprendemos la importancia de la conciencia comunitaria para obstaculizar los peligros del mundo virtual hacia nuestros hijos. Lo que ha hecho por Allem será de gran ayuda para muchos otros."

La campaña de los Halkic

A pesar de su dolor interminable, Dina y Ali Halkic han hecho una campaña sin parar para generar conciencia sobre el ciber-acoso y el suicidio juvenil. Dan pláticas en escuelas y clubes deportivos; ofrecen entrevistas semanales a los medios; presionan al gobierno, y cuando el "gran gobierno" no les hace caso, presionan al "pequeño gobierno." Dina y Ali trabajaron con periódicos de la comunidad para lanzar la campaña "No lastimes", en la cual los jóvenes hacen la promesa de detener el ciber-acoso.

Como dice Ali: "No podemos cambiar el mundo, pero podemos cambiar nuestro propio patio. Es nuestro trabajo hacer que a la gente le importe. Es nuestro trabajo volver el mundo más seguro para nuestros niños."

LA PROMESA

No me uniré, reiré o miraré a un lado si sé que existe ciber-acoso.
No me quedaré con los brazos cruzados.
Le diré a algún maestro, padre, adulto o amigo de confianza si me doy cuenta.
No contestaré a ningún mensaje o imagen amenazadora y guardaré la evidencia.

Ali y Dina organizaron una marcha de trescientas personas en el puente West Gate de Melbourne, el puente desde el cual Allem cayó, y el sitio en donde acaecen cientos de suicidios. Encabezaron una campaña para que instalaran vallas de seguridad ahí. Presionaron a un gobierno que durante cinco años ha repetido: "Muy difícil, muy caro, muy valioso." Escribieron a periódicos y hablaron con cada estación de radio y político que los escuchara. Con un costo de más de diez millones de dólares, de repente, las vallas fueron instaladas. ¿El resultado? La reducción de ochenta y cinco por ciento de las muertes en el primer año. Hubo treinta y siete suicidios en 2009 y cuatro en 2010. ¿En 2011? A la fecha, ninguno.

"Me he gastado todo el dinero que tengo, y mucho más que no tengo, en esta campaña. Es demasiado tarde para salvar a mi familia. Estamos haciendo esto para salvar a otros chicos", dice Ali, y añade:

"Al hacer esto público, esperamos poder animar a la gente a hablar abiertamente sobre el suicidio. Si las mamás, los papás y los adolescentes pueden discutirlo abiertamente, las familias no tendrán que pasar por lo que nosotros hemos pasado. El suicidio se puede prevenir."

Los amigos de Allem subieron un tributo fotográfico a YouTube y grabaron esta canción (http://www.youtube.com/watch?v=NKFblxtZ3co):

> *Vi mi vida pasar frente a mis ojos*
> *a la gente a la que he amado.*
> *Vi la forma en que un día puedo morir*
> *no hay nada que pueda hacer para cambiarlo.*
> *No hay palabras que decir*
> *juro hacer más cada día,*
> *es mi vida la que has abandonado para siempre.*
> *Te he perdido.*
> *Es mi vida de la que te has ido*
> *dejando un camino de lágrimas y rostros deshechos*
> *¿Cómo pudiste tirarlo todo?*

Allem era un adolescente normal, feliz y lleno de energía, proveniente de una familia amorosa y que siempre lo apoyó. Tenía muchos amigos y todo un futuro por delante. Allem no mostraba señales de estrés y no le dijo a nadie sobre el ciber-acoso a que era sometido.

Tres años después de su muerte, algunos de sus amigos escribieron estos mensajes:

Allem, no pasa un solo día en que no pensemos en ti y en los recuerdos tan maravillosos que dejaste aquí. Hermano, cuando te necesitamos, ahí estuviste, sin juzgar. Por favor, recuerda que fuiste querido como ningún otro. Daniel y Cain Heffernan.

No hay día en que no piense en ti. Se siente como si fuera ayer que nos reíamos juntos. Te quiero y te extraño, hermano. Rob Nguyen.

En verdad te extraño, hermano, y no pasa un día en que no piense en ti. Me gustaría mucho que hubieras hablado conmigo la noche en que te fuiste. Thanh Bui.

Mientras crecíamos, eras el tipo de persona que siempre probaba cosas nuevas y volvía nuestros días más interesantes, siempre y cuando la pasáramos bien. Eres el amigo que cualquiera necesita. Eso te hace quien eres y es la razón de que todos te queramos. Siempre y para siempre serás extrañado. DEP. Eric Chau.

Allem Halkic, te amaré por siempre. No hay un día en que mi corazón no duela por el hecho de que no estás aquí junto a nosotros. Mi corazón todavía tiene la capacidad de sonreír, en memoria tuya y de tu sonrisa. Sarah E. Doughty.

No pasa un día en que no estés continuamente en mi mente. Extraño tu risa. Extraño tu sonrisa. Extraño la manera en que el cuarto se iluminaba en el momento en que entrabas a él, pero sobre todo te extraño a ti. Siempre estarás en mi corazón. Megan Portelli.

No existen palabras lo suficientemente bellas para describirte. No hay palabras tan apasionadas como para describir qué tanto te amamos y no hay palabras para explicar qué tanto te extrañamos. Allem Halkic, el sol más brillante del cielo. Sarah Darmanin.

Allem Halkic. Siempre estaré agradecida de que hayas llegado a mi vida. Tengo recuerdos imborrables que compartimos sellados en mi corazón, y vivirás siempre que tu espíritu viva a través de tus padres, familia y amigos. Nunca serás olvidado. Por siempre joven, siempre amado y añorado. Céline Creighton.

MUCHAS VECES TE HEMOS EXTRAÑADO, UN MILLÓN DE VECES TE HEMOS LLORADO. SI EL AMOR TE HUBIERA SALVADO, AÚN ESTARÍAS A NUESTRO LADO.

2

Bullying en la escuela

Yo soy la persona que se sienta a tu lado en clase.
Yo soy la persona que está un poco gorda.
Yo soy la persona de quien se ríen por chaparra.
Yo soy la persona a quien molestan porque le gustan las computadoras.
Yo soy la persona que tiene un acento distinto.
Yo soy la persona que no es genial en el gimnasio.
Yo soy la persona a quien siempre se puede culpar.
Yo soy la persona que tiene miedo al tomar el autobús de regreso a casa.
Yo soy la persona que tropieza al caminar muy rápido.
También soy la persona que es tan valiente como para seguir adelante
todos los días al despertar.

Nigel Potts

La historia de Matthew

Soy un hombre divorciado de cuarenta años, que fue acosado constantemente durante tres años. Vivía aterrorizado de las clases de deportes, tres veces a la semana. Dormía con los pies descubiertos para enfermarme a propósito. Ponía el termómetro en agua tibia, en casa iba al baño y tomaba el limpiador del retrete para remover mis heces, luego llamaba a mi mamá y le decía, "mira, mamá, no puedo ir a la escuela, tengo diarrea."

He sido tratado con medicamentos por depresión mayor, trastorno obsesivo compulsivo, ansiedad social, ansiedad generalizada y estrés postraumático. Algunas veces, la muerte parece ser la única solución. Tengo un pensamiento obsesivo: "Fui violado cuando era niño y nadie vino a mi funeral", lo que significa: "me mato y a nadie le importó." También pienso: "¿QUÉ ME PASA? ¿POR QUÉ NO LE GUSTO A LA GENTE?"

Tomo cuatro pastillas distintas para la depresión y la ansiedad. Los doctores me quieren mantener sedado para que no me mate, lo que los haría quedar mal a ellos, aunque no lo quieran aceptar. Ninguno de mis psiquiatras o psicólogos

> *Aquí estoy, treinta años después de haberme apartado del bullying, y sigue controlando mi vida*

ha lidiado con el abuso infantil que sufrí porque para ellos es más fácil decir que todo se debe a la depresión, darme una receta y mostrarme la salida. Mi próximo plan es integrarme a algún grupo de terapia o ayuda.

Pero las pastillas nunca detendrán la depresión hasta que el problema del abuso haya sanado. Estas pastillas no me están ayudando a ser funcional. Aquí estoy, treinta años después de haberme apartado del bullying, y sigue controlando mi vida. Quiero mi vida de regreso. Estoy cansado de ser un fenómeno.

Los padres y maestros suelen pensar en el bullying como "normal" o como *diversión inofensiva* de los niños. Esa no es la experiencia de Matthew.

"Sabemos lo que pasa en nuestra escuela"

En el 2000, dos investigadores canadienses, Craig y Pepler, se dieron a la tarea de investigar qué tanto sabían los maestros sobre el bullying en sus escuelas. Pusieron micrófonos y cámaras escondidas en salones y patios. ¿Qué fue lo que encontraron?

"Nuestras investigaciones indican que los maestros intervienen en catorce por ciento de los episodios en los salones y sólo en cuatro por ciento de los episodios en los patios."[1]

Confirmaron lo que ya sabían: no hay suficientes maestros para conocer todo lo que sucede. Esto explicaría el otro descubrimiento. Cuando se les preguntó a los maestros si intervenían casi siempre, setenta y cinco por ciento de los maestros dijo que sí, y sólo veinticinco por ciento de los alumnos respondió lo mismo.

Cuando un chico es acosado, los chicos acosados suelen:
- Irse de pinta.
- Desarrollar trastornos alimenticios.
- Tener mala salud.
- Sufrir de depresión.

[1] W. Craig y D. Pepler, *Making a difference in bullying*, Programa de Investigación de LaMarsh, Reporte 60, 2000.

- Volverse vándalos y ladrones.
- Abusar de drogas y alcohol.
- Tener bajo rendimiento en la escuela. Los chicos acosados son tan distraídos, tan preocupados por evitar su siguiente enfrentamiento, tan ocupados en inventar excusas para faltar a la escuela... ¿Cómo podrían tener buen rendimiento?

Las palabras pueden ser muy hirientes. Un hombre de ochenta y cuatro años que escribió a Kidscape, en el Reino Unido, dice: "Puedo recordar cada palabra que mis enemigos me dijeron. He escuchado sus gritos acosadores durante toda mi vida." Crueles cicatrices quedan marcadas en nuestro recuerdo mucho después de que el dolor de una golpiza se ha desvanecido.

Algunos chicos abusados buscan venganza. Una investigación llevada a cabo en treinta y siete balaceras escolares en los Estados Unidos, que involucran a cuarenta y un atacantes distintos entre 1974 y 2000, revela que el setenta y uno por ciento de los perpetradores "fueron acosados, perseguidos o lastimados por otros antes de su ataque":[2]

Charles Andrew Williams era un estudiante de preparatoria en Santee, California. Sus compañeros se burlaban de sus orejas grandes y su cuerpo frágil. Su hermano mayor, Michael, recuerda: "Tiene grandes orejas y es muy flaco. A la gente le gusta molestarlo. Así ha sido desde que me acuerdo." Lo llamaban Andy el Anoréxico. Su amigo Neil O'Grady dice: "Siempre lo molestaban. Es pequeño y esquelético. La gente cree que es tonto." Un día, Andy enloqueció. Llevó una pistola a la escuela y mató a dos estudiantes e hirió a otras trece personas.

Eric Harris y **Dylan Klebold** eran abusados y rechazados sin cesar en la preparatoria Columbine, en Littleton, Colorado. En un incidente, fueron acusados, falsamente, por un compañero de llevar mariguana a la escuela, provocando una revisión de sus pertenencias. En otro incidente, alguien recuerda su humillación: "Los chicos los rodearon en las áreas comunes y exprimieron sobres de cátsup sobre ellos. No pudieron defenderse y los maestros estaban ahí, mirando. Tuvieron la cátsup encima todo el día." En 1999, Harris y Klebold utilizaron bombas caseras y armas automáticas para masacrar a doce estudiantes y a un maestro. Veinticuatro personas más resultaron heridas. Una nota de suicidio escrita por Eric indicaba que era la "hora de la venganza." Un sobreviviente de la masacre declaró: *"Querían que sintiéramos su dolor."*

---

[2] S. Hinduja y J. Patchin, *Bullying beyond the schoolyard*, Corwin Press, 2009, p. 14.

No quiero morir pero es la única manera de detener el dolor.

Suicidio

Podríamos hacer una lista de cientos de niños, como Jeffrey Johnston, de quince años, de Florida, Estados Unidos; Chanelle Rae, de catorce, de Geelong, Australia; Marie Bentham, de ocho, de Manchester, Reino Unido; Akiko Uemura, de doce, de Honshu, Japón; seres brillantes, hermosos y acosados hasta la muerte.

Nos podríamos preguntar, ¿qué puede ser peor que morir? ¿Por qué se suicidaría un niño para evitar ser golpeado? No tiene sentido.

Es la implacabilidad —constantes mensajes, golpizas y sustos— y la incertidumbre. Es la vergüenza, la humillación y la culpa. Después de meses de insomnio, un adolescente que no ve la salida y se siente completamente solo puede decir: "No aguanto más. Cualquier cosa es mejor que esto. La muerte es mejor que esto." Una y otra vez, el mensaje que dejan aquellos que se han quitado la vida, y el mensaje de aquellos que lo han intentado, es: "No quería morir, pero no había otra manera de terminar con el dolor."

No tiene nada que ver con la lógica. Si los prisioneros de guerra, que son continuamente amenazados y privados del sueño, se vuelven un poco locos, ¿qué podemos esperar de un niño?

En pocas palabras, ¡un niño abusado no piensa con claridad!

"¡Mis hijos me lo dirían!"

Dawn-Marie Wesley, de catorce años, de Mission, Columbia Británica, escribió en su nota de suicidio: "Si busco ayuda será peor. Siempre están buscando a alguien nuevo para golpear y son las niñas más rudas. Si las acuso las suspenderán y no podré hacer nada para detenerlas después..." Dawn-Marie escogió sufrir en silencio. Usted podrá decir: "Si a mis hijos los estuvieran acosando, lo sabría. Me lo dirían si estuvieran sufriendo." ¿Lo harían?

> **Si las acuso las suspenderán y no podré hacer nada para detenerlas después...**

¿Por qué los chicos no les dicen a sus padres?

Imagina que Marcus, tu hijo de doce años, está siendo acosado. Sus compañeros tiran su tarea por el río, lo patean en el patio, le roban su dinero, lo llaman "perdedor."

Las estadísticas dicen que las posibilidades de que Marcus te lo diga son de UNA EN DIEZ, y de UNA EN VEINTE de que le dirán a su maestro. ¿Por qué un niño que está sufriendo le guardaría tal secreto a sus amorosos padres? Que Marcus te lo explique:

"¡El acoso será peor! Si mi papá habla con aquellos chicos, o con sus padres, me volveré el hazmereír. ¡Serán más malos conmigo!"

Los chicos son molestados cuando no son *cool*. Y lo menos *cool* en el universo es que tus padres interfieran. Así que el chico abusado piensa: "Si ya me molestan por no ser *cool*, ¿qué harán aquellos chicos cuando vean lo poco *cool* que son mis padres?"

"Mis padres estarán avergonzados de mí. No quiero que mis padres piensen que soy un perdedor y que todo el mundo me odia, ni que no puedo lidiar con nada. ¡Mi mamá ya se la pasa diciéndome cómo vivir! Si supieran que me molestan, se volverían insoportables."

Los chicos abusados creen que la culpa es suya: "Si no fuera tan ñoño, la gente no se burlaría de mí." "Si no usara ropa tan estúpida, los chicos me dejarían en paz." "Si no fuera tan feo, flaco, gordo, tonto, los chicos no me golpearían."

Marcus tampoco quiere que te sientas apenado por él. "¡Mi hijo es un tonto!"

"Mis padres me avergonzarán. Querrán ir con el director. Preferiría morir a que mis padres fueran a hablar con mis maestros. Me vería tan estúpido; sería el hazmereír de toda la escuela."

El objetivo principal en la vida de un adolescente es ser *cool* y tener todo bajo control, así que lo último que quiere es que sus papás se metan en sus asuntos.

"Mis papás querrán controlarme. Siempre me están diciendo qué hacer. Si supieran en qué problemas estoy metido, estarían criticando a mis amigos, mi ropa..."

MATTHEWS

"No está bien ser un acusón." Los niños aprenden que no está bien acusar a los bullies. Los más chicos, de ocho o diez años, pueden sentir que está bien decirle a un adulto, pero para cuando se convierten en adolescentes ya están muy condicionados a sufrir en silencio. Los niños, en especial, aprenden a callarse y aguantar como los hombres.

"Es parte de crecer." Muchos niños —y adultos— han comenzado a creer que el acoso escolar es una parte de crecer y que nadie puede ayudarlos. Esto es un pensamiento retrógrado.

Aquí hay SEIS buenas razones por las que los chicos sufren en silencio. El problema es que ellos sólo necesitan UNA.

Ciber-acoso: más razones por las cuales los chicos no les dicen a sus padres

"El internet y la pubertad no se mezclan."
Malinda Wilson, policía de Seattle

Mary, de catorce años, está siendo acosada por internet. Sus compañeros han creado una página con su fotografía llamada "Mary la fea." Le envían correos anónimos que dicen: "Eres un cerdo. ¡Baja de peso!" La bombardean con mensajes de texto que dicen: "¡Desaparécete!" ¿Mary le dirá a sus papás? Probablemente no, por las razones antes discutidas. Y en cuanto al ciber-acoso se refiere, hay más razones:

"Mi computadora es mi vida. Si le digo a mi madre sobre esto, quizás me la quite, y también mi teléfono. ¡Sería una rechazada absoluta!"

"Si los chicos están esparciendo rumores sobre mí, debo saber de qué se tratan. Mejor molestada y en contacto que molestada sin saber lo que están diciendo de mí."

"Que te molesten es un infierno, pero si me quitaran la computadora sería peor. El mail y el Facebook son mis maneras de comunicarme, no podría vivir sin ellos."

Si tienes más de cuarenta, tu computadora seguramente es una herramienta y nada más, quizás una esencial, pero una herramienta al fin y al cabo. Para Mary es su vida. Tú decoras tu sala, ella decora su Facebook. Tú visitas el ciberespacio, ella vive ahí.

"Mis padres querrán monitorearlo todo. Mis padres se sacarían mucho de onda si vieran los chats a los que entro y algunos de los mails que escribo. Prefiero sufrir que tener a mis papás mirando sobre mi hombro cada minuto."

Así que aquí tenemos OCHO razones para que Mary sufra en silencio. Y ella sólo necesita UNA.

DANNII

Dannii Sanders era una campeona del trampolín que representó a Australia en Japón en 2010. Dannii era popular, alegre y llena de vida. Christine, su mamá, dice: "Era rubia y tenía los ojos azules, casi púrpuras, que brillaban cuando estaba feliz. Comía y dormía y bailaba y brincaba en su trampolín." Dannii tenía casi dos mil amigos en Facebook. Ella sufría de ciber-acoso. En julio de 2011, como resultado de este acoso, se suicidó. La muerte de Dannii causó una ola de dolor entre cientos de sus amigos en Sydney. Su madre dice: "No puedo creer que quisiera morir."

¿Fue Facebook la causa de su muerte? No, dicen sus papás. Es más complicado que eso.

¿Cuáles son los amigos verdaderos?

Los adolescentes con cientos de amigos en el ciberespacio pueden estar igual de solos que los adolescentes sin uno solo. Puedes tener un ejército de conocidos en internet, ¿pero cuántos de ellos se detendrían a ayudarte si en verdad los necesitaras? ¿Cuántos te reconocerían en la calle siquiera?

Nuestro amigo Tony tiene cuatro hijos. Cuando descubrió que Julie y yo escribíamos un libro sobre bullying me preguntó: "¿Y qué hay del ciber-acoso? Yo tengo una historia." Esto es lo que nos contó:

La historia de Tony. Mi hijo tiene veintiún años. A veces pasaba horas encerrado en su cuarto, en Facebook. Cuando la gente lo molestaba en internet, se la pasaba azotando puertas en la casa. Ahora ya no vive en casa. Ahora mis hijas, de dieciséis, catorce y doce años, han comenzado a pasar cada minuto en Facebook. Más de lo mismo.

Finalmente, hace un año, le dije a las niñas: "¡Suficiente! Tienen hasta el domingo en la noche y, después, ¡no más Facebook en esta casa!"

¡Es sorprendente! No puedo creer el cambio. ¡Hablamos! La de en medio está haciendo ejercicio. Sale a correr, camina. La chiquita está haciendo el doble de tarea. Son más felices. Hacemos cosas juntos. Sus calificaciones han mejorado. ¡Tengo una familia otra vez!

Los adolescentes no siempre saben cuándo es suficiente. Las redes sociales pueden ser muy divertidas y una excelente manera de estar en contacto. Pero cuando deja de ser una maravilla, los padres deben hacer algo.

En pocas palabras, los adolescentes pueden sobrevivir —y prosperar— sin redes sociales.

Señales de que tu hija o hijo está siendo molestado en la escuela

- Repentinamente no quiere ir a la escuela. Inventa toda clase de excusas para faltar. Dice que está enfermo, aunque no tenga síntomas.
- Tiene dolores de cabeza, de estómago y náuseas. El estrés de ser molestado puede enfermarlo.
- No duerme.
- Llega a casa con heridas y sin explicaciones para ellas. Por ejemplo, tiene arañazos en el cuello y dice que se cayó sobre el gato del vecino.
- Llega a casa con la ropa rota o sin alguna prenda.
- Hace comentarios iracundos sobre sus compañeros.
- Pierde interés en pasar tiempo con sus amigos y ni siquiera habla sobre ellos.
- Se rehúsa a hablar sobre la escuela. La mayoría de los niños contará historias sobre cosas chistosas, tontas o divertidas que sus amigos hacen, excepto cuando se sienten completamente aislados y no tienen historias que contar.
- Sus calificaciones bajan considerablemente.

- Comienza a irse a la escuela a horas extrañas o por rutas distintas.
- Te suplica que lo lleves a la escuela.
- No tiene apetito.
- Siempre está hambriento después de la escuela. Si los bullies le están quitando su *lunch*, estará famélico al llegar a casa.
- Parece estar siempre enojado, molesto o deprimido.

Señales de que tu hija o hijo sufre de ciber-acoso

- Comienza a pasar mucho menos tiempo en la computadora.
- Está muy enojado, deprimido o aislado después de usar la computadora.
- Se ve incómodo al recibir *mails* o mensajes de texto.
- Deja de contestar su teléfono o ver mensajes frente a ti.
- No habla sobre lo que hace en la computadora.

MATTHEWS

No te dejes engañar, algunos chicos que sufren de ciber-acoso pueden pasar mucho tiempo en la computadora.

Supervivencia en el ciberespacio
¡Ésta es información importante para tu hijo o hija!

- Nunca sabes qué sucederá con mensajes o fotos que subas o mandes. Un buen amigo hoy puede no serlo tanto mañana. Así que SI NO QUIERES QUE LA FOTO O EL MENSAJE SEAN COMPARTIDOS CON TODA TU ESCUELA —O TUS PADRES— NO LO MANDES.
- Nunca mandes fotos o videos de ti a gente que no conoces en la vida real.
- Si alguien te está molestando, no tienes que contestar. La mayoría dejará de hacerlo si los ignoras, pero mantén registros y repórtalos.

- La mayoría de los programas de chat, páginas y teléfonos te permiten bloquear a las personas de las que no quieras saber nada.
- Si no puedes decirle a alguien algo en su cara, no lo hagas por internet. Cualquier cosa desagradable en persona lo es también en internet.
- Cualquier crimen en la vida real lo es también en internet.

Estos sitios contienen información valiosa sobre seguridad en internet:
* http://www.cyberangels.org
* http://www.kidscape.org.uk

Muchos sitios educacionales tienen juegos interactivos para niños sobre seguridad en internet. Los puedes encontrar haciendo una búsqueda sencilla.

A través de los ojos de un adolescente

Es fácil para un adulto decidir que un niño o un adolescente debe reportar a un bully, pero los chicos no tienen la sabiduría o la confianza de los adultos.

Matthew recuerda cuando era molestado por un niño: "Mucho de lo que me sucedió pudo haber sido evitado si lo hubiera reportado. Pero no lo sabía. No sabía qué era considerado «cotidiano» y qué era considerado «algo malo». Lo conocía desde hacía mucho tiempo, confiaba en él; no tenía razones para creer que me estaba haciendo daño."

La gente habla de los adolescentes como si sólo tuvieran quince o diecisiete años de experiencia de vida... ¡pero ni siquiera tienen eso!

Un niño pasa sus primeros ocho o diez años aprendiendo lo básico: el alfabeto, alimentarse, vestirse, andar en bicicleta, ¿pero qué puede saber sobre relaciones y resolución de conflictos antes de eso? Nada.

¿Cuántos problemas mayores tiene que resolver antes de cumplir diez años? ¡Cero! Un adolescente de quince años no tiene quince años de experiencia en la vida real. Así que:

> 66 *Mucho de lo que me sucedió pudo haber sido evitado si lo hubiera reportado.* 99

- Cuando reprueba una materia, cree que es el fin del mundo.
- Cuando solicita un trabajo y no se lo dan, queda devastado pues nunca le ha pasado antes.
- Cuando su novia lo deja se quiere morir. Piensa que jamás ha sobrevivido un corazón roto y él cree que no lo logrará.
- Cuando alguien lo amenaza de muerte, cree que puede morir de verdad.

La historia de Andrew

En la prepa tuve un maestro de inglés llamado señor Saunders. Tenía más de sesenta años. Era carismático, imponente y sarcástico. Estaba bien educado y era entretenido, citaba a Wordsworth y a Blake de memoria. Era mi maestro favorito.

Mis padres lo conocían vagamente pero no les caía bien. Mi mamá decía que era arrogante y muy creído. Una noche, cuando yo tenía quince años, el señor Saunders fue a mi casa. Nunca había ido a mi casa.

Se sentó con mis papás en la sala, tomando vino y tratando de hacer plática. Yo estaba escribiendo un ensayo sobre historia asiática en mi cuarto cuando, para mi sorpresa, el señor Saunders apareció. Se sintió raro, ¡como tener al Presidente en tu cuarto!

Platicamos durante un buen rato sobre mi tarea de historia. De repente, como si fuera un doctor, me dijo: "Levántate la camisa, muchacho." Pensé que el señor Saunders tenía algún tipo de conocimiento médico y que sospechaba de que tuviera alguna enfermedad. Me la levanté.

Después dijo: "¡Bájate los pantalones!"

¿Que me bajara los pantalones? Pensé que debía ser algo serio. ¿Qué haces cuando el Presidente te pide que te bajes los pantalones? Me los bajé y comenzó a auscultarme. Esperaba que me dijera algo como: "Tienes un severo caso de Bacterius Upiorómana, ¡necesitas antibióticos!" Pero no dijo nada y regresó a la sala.

Veinte minutos después estaba de regreso y me dijo que me quitara la ropa y me acostara en la cama. El señor Saunders se sentó junto a mí y la examinación continuó. Una vez más, tocó mis genitales.

"No puede ser sífilis, ¡si soy virgen!", pensé.

"Te voy a tocar en todas partes. Dime qué pensamientos te vienen a la cabeza", me dijo.

Nada en la vida me había preparado para esto. Nunca había escuchado la palabra "pedófilo" y no podía imaginar que a un hombre de sesenta años le diera placer acariciar mi pene. Seguía sin entender qué estaba sucediendo. La puerta de mi cuarto estaba ligeramente abierta. Recuerdo haber pensado: "Heme aquí desnudo en la cama con un viejo. ¿Y si pasan mis padres? ¿Cómo les voy a explicar esto?"

Ya me había dado cuenta de que esto no se trataba de ningún examen médico. Esto era algo muy extraño. Me fui avergonzando y empecé a sentirme confundido. No podía creer que este maestro, al que admiraba tanto sobre todos los demás, que tenía esposa e hijos, fuera algún tipo de pervertido sexual.

Comencé a protestar. Saunders se rindió y se fue.

Yo no era culpable de nada pero no le dije a nadie sobre Saunders. Anuque sabía que a mis padres no les agradaba, no les dije nada. Aunque a mi hermano mayor le conté muchos secretos, no le conté éste. Odiaba pensar al respecto y odiaba a Saunders. No pasaba nada malo conmigo pero estaba muy avergonzado.

> 66 *Te voy a tocar en todas partes. Dime qué pensamientos te vienen a la cabeza.* 99

"¡Es mi culpa!"

¿Cómo lidié con ello? Sólo deseé que Saunders estuviera muerto. Me decía a mí mismo: "Ojalá muera pronto y todo se termine." Aún hoy me resulta perturbador. Aún hoy recuerdo cada detalle. Escribo libros sobre felicidad y sobre dejar ir las malas experiencias, pero el recuerdo de aquel episodio todavía me eriza la piel.

Comparado a los millones de niños abusados, mi experiencia con el señor Saunders es menor. He aquí el punto de mi historia:

Ni una sola vez me pregunté si debía decirle a mi mamá o a mi papá. LA IDEA DE DECIRLES A MIS PAPÁS NUNCA CRUZÓ MI CABEZA. Nunca, jamás, consideré decirle a nadie. He aquí en lo que pensaba mi cerebro de quince años:

> 66 *Ni una sola vez me pregunté si debía decirle a mi mamá o a mi papá.* 99

- Tú permitiste que tu maestro te tocara.
- No hay manera de explicarlo o justificarlo ante nadie.
- Estás solo.
- Sufrirás hasta que el bastardo se muera.

Me tomó treinta años poder hablar de ello. Un adolescente de quince años no piensa como un adulto razonable. Un adolescente de quince años piensa que tiene la culpa. Un adolescente de quince años no ve la salida. Si un adolescente de quince años que es abusado piensa de esa manera, ¿qué esperanzas hay para un niño de ocho?

Cuando eres un niño y un adulto te hace algo que NO ESTÁ BIEN, tú piensas: COMO ES UN ADULTO, DEBE DE ESTAR BIEN.

En pocas palabras
- No esperes que un adolescente se comporte como un adulto.
- Los niños creen tener la culpa, incluso cuando no es así.

"Yo quería vivir más tiempo, pero..."

"Abuela, por favor vive una vida larga. Padre, gracias por el viaje a Australia. Madre, gracias por las comidas deliciosas. Yo quería vivir más tiempo, pero..."

Eso escribió Kiyoteru Okouchi, de la prefectura de Aichi, en Japón, antes de ponerse una soga alrededor del cuello y colgarse de un árbol. Tenía trece años. En su nota de despedida describió cómo, durante tres años, fue atormentado y torturado por cuatro de sus compañeros de escuela. Los bullies le habían quitado ya más de diez mil dólares, extorsionándolo, la mayoría de los cuales le había robado a sus papás. Los bullies lo golpeaban y metían su cabeza al río. Entre carcajadas lo llamaban El Asistente Número 1.

Durante sus últimos días, los verdugos de Okouchi le pidieron otros cuatrocientos dólares, pero no tenía manera de conseguirlos. Desesperado, Okouchi se quitó la vida. Hasta ese momento, nunca le dijo nada a sus padres. Aunque su papá, preocupado, le preguntaba si estaba siento molestado, si estaba robando, Okouchi nunca dijo una sola palabra.

Mensaje a los papás: si sospechas que hay un problema, persiste, persiste. Cuando se trata de bullying, no supongas que tu hijo o hija te dirá la verdad. La mayoría no lo hace.

En pocas palabras, no importa qué tan hondo esté metido en problemas, no esperes que tu hija o hijo te hable de ello.

La historia de Brodie

Brodie Panlock, de diecinueve años, era mesera en el Café Vamp, en Victoria, Australia. Tres chicos que también trabajaban en el café se decidieron a hacerle la vida un infierno. La llamaban "gorda y fea", le escupían encima y tiraban aceite de pescado sobre su cabello y su ropa. Pusieron veneno de ratas en su bolsa. La humillación persistío seis días a la semana durante varios meses.

> 66 *Le habían quitado ya más de diez mil dólares, extorsionándolo.* 99

En septiembre de 2006, cuando Brodie no pudo más, saltó de un edificio.

El consecuente juicio llamó la atención de todo el mundo. El juez describió el comportamiento de los acusados como "vicioso y persistente", y condenó a los tres empleados, además de multarlos con un total de ochenta y cinco mil dólares. El dueño de la cafetería también fue declarado culpable, y él y su compañía fueron multados con un cuarto de millón de dólares por no proporcionar un ambiente seguro de trabajo.

Fuera de la corte, la madre de Brodie, Rae, habló de su hija: "Era mi pequeño rayo de luz, una niña muy bonita... el corazón se me parte en dos. En lo que a mí respecta, la llevaron al límite y luego la empujaron... merecen la cárcel."

Los papás de Brodie hicieron una campaña buscando justicia durante dos años. Gracias a sus esfuerzos, y a que la comunidad quedó escandalizada por el caso de Brodie, la legislación criminal fue reformada. En una reforma llamada "Ley de Brodie", el delito de acoso ahora incluye "palabras o actos abusivos" en el lugar de trabajo. Los bullies de trabajo en Victoria ahora pueden ser declarados culpables de causar lesiones psicológicas, incluso el suicidio, y pueden pasar hasta diez años en prisión. Desde mayo del 2011, los bullies de trabajo pueden ser encarcelados.

Vemos repetirse un patrón familiar:

- Los papás de Brodie no estaban al tanto del bullying. Era una chica que prefirió el suicidio en lugar de renunciar a su trabajo o decirles a sus papás.

- Los observadores no hicieron nada. Algunos de los amigos de Brodie sabían del bullying, pero ninguno les dijo a sus papás o a ninguna autoridad. Varios clientes también lo sabían, pero no hicieron nada. ¿Y si un observador hubiera hecho algo?

Escuchar cuando tu hija o hijo es víctima del bullying

Se están burlando de tu hija de doce años en la escuela. Es una de esas niñas extrañas, una en cada diez, que han decidido decirles a sus papás. Llega a ti traumatizada y desesperada. ¿Qué debes hacer?

¡Primero, escuchar! Antes de empezar a dar consejos, despotricar y desvariar, o llamar a los vecinos, simplemente escucha.

Cuando tu hija esté en problemas, necesita saber que te importa lo suficiente como para darle toda tu atención. Apaga todas las distracciones. Siéntense en un lugar tranquilo. Y entonces:

- Escucha la historia completa. Si está molesta, el solo hecho de contarte, sin interrupciones, la tranquilizará y la hará sentir mejor.
- Que sepa que la escuchas y que la entiendes. Repite lo que te diga. "Así que diste vuelta y ahí estaba Mandy, así que te dio miedo."
- No pongas palabras en su boca. "¿Te estaba acosando?"
- Has preguntas abiertas: "¿Cómo comenzó?" "¿Qué te dijo?" "¿Qué pasó después?" Escucha.
- Agradécele su confianza. Agradécele que te haya contado.
- Anímala. Le puedes decir algo como: "Has sido muy valiente al contarme."
- Ayúdala a sentir que puede lidiar con eso. Ayúdala a encontrar soluciones. "¿Qué pudiste haber hecho?" "¿Qué harás la próxima vez?"

Es tan extraño que alguien te escuche. En estos tiempos, ¿cuántas veces intentas hablar con alguien, pero ellos siguen mandando mensajes, jugando videojuegos, viendo televisión o hablando por teléfono? ¿Cómo te hace sentir eso?

En pocas palabras, la mayor muestra de respeto que le puedes dar a alguien es escucharlo en verdad. Es el mayor confort que le puedes dar a un niño en problemas.

Intervenir

Tienes un hijo: Jim. Un día, Jim llega llorando de la escuela: "Greg me empujó de la bicicleta. Me pateó en las espinillas y rompió mi Transformer..." Sientes vapor saliendo de tus orejas. Quieres llamar a la madre de Greg y decirle: "Su hijo es un abusador. ¡Que deje a mi hijo en paz!"

Una reacción perfectamente comprensible, pero no es una buena idea.

Ponte en los zapatos de la madre de Greg. Ella no está al tanto de esto. Está en medio de las compras y acaba de pelear con su ex marido, y recibe tu llamada en la que le dices que su hijo es un desgraciado. Si la madre de Greg es como el noventa por ciento de las madres, su reacción será: "Mi hijo no es ningún abusador. Tu hijo es un enclenque." ¿Qué hacer?

- Relájate, tratar de arreglar asuntos delicados con la cabeza caliente nunca funciona.
- Escucha la historia completa de Jim. Las cosas no siempre son lo que parecen.
- Espera un par de días. Si tu hijo no está en verdadero peligro, espera. Quizás fue un incidente aislado.
- Recuerda que cuando arreglas los problemas de Jim por él, le das dos mensajes: 1) No eres capaz de arreglar esto por tu cuenta, y 2) Cuando tengas un problema, yo lo arreglaré. Ninguno de estos mensajes es de gran ayuda.

Si Greg continúa molestando a tu hijo, puedes decidir hablar con sus padres. Pero toma un camino distinto. Por ejemplo, cuando estés más relajada, llama a su madre y dile: "Algunos chicos en la escuela han estado peleando. Un grupo de papás nos vamos a reunir..." Si llevas a cabo la reunión, evita señalar a un solo niño y mantente en el espíritu de grupo.

Programas antibullying en las escuelas

¿Qué tan típico es esto? El director convoca una asamblea escolar para combatir el bullying y mil niños se juntan en el patio. Un maestro da un discurso aburrido sobre por qué el bullying es malo y anuncia el nuevo programa de cero tolerancia al bullying. Durante la presentación:

- Los bullies no prestan atención. Se burlan, pellizcan a los niños de enfrente y les lanzan cosas.
- Los chicos molestados miran al horizonte. Ya están tan acostumbrados a ser golpeados, ridiculizados y excluidos, creen que se lo merecen y no esperan que nada cambie.

- La mayoría silenciosa —los observadores— no aprenden ninguna habilidad para reducir el bullying en la escuela.

Esa misma semana, un maestro pone un anuncia en el pasillo que dice "Cero tolerancia al bullying." La escuela ahora tiene un eslogan para su página. Con toda la atención extra, el bullying se INCREMENTA. Todos viven la vida de la mejor manera que pueden. Si sigues a un obeso a un restaurante de hamburguesas y le pides que coma verduras, ¿dejará de comer chatarra? Si le dices a un fumador "¡Deja de fumar!", ¿lo hará? ¡No!

Decirle a la gente cómo vivir no funciona. Cuando le dices a un fumador empedernido o a un comedor compulsivo que disminuya su hábito, ¡lo incrementará! Pasa lo mismo con los bullies. La gente hace lo que hace por razones profundas, bien asentadas en ellos. Que les digas que está mal, que no lo hagan, no hará ninguna diferencia.

¿Y entonces cuándo se detienen?

Los alcohólicos dejan de tomar cuando se dan cuenta de que la vida es mejor estando sobrio. Lo mismo aplica para los fumadores y para los bullies. Algunas personas creen que los bullies se detendrán si les dices cómo se siente su víctima, pero no es así, nos dice Katherine Newman en su libro *Rampage: The Social Roots of School Shootings*: "El deseo de portarse mejor es un incentivo débil en comparación con el estatus que otorga burlarse o molestar a alguien…"

Rogarles a los bullies que sean buenos no funciona. Castigarlos tampoco suele detenerlos.

La mayoría de los bullies acosan en público para impresionar a sus compañeros, para verse poderosos. Pero cuando sus compañeros no se impresionan, el bully no recibe ninguna "paga." Cuando los observadores dejan claro que el bullying es inaceptable, las cosas cambian.

Stan Davis es un consejero, terapeuta de niños y familias, y fundador de la Asociación Internacional para la Prevención del Bullying. Se ha enfocado en el acoso escolar desde finales de los noventa. Algunos de los descubrimientos de Davis al respecto son:

ANDREW MATHEWS

- PEDIRLE A LOS BULLIES QUE SE DETENGAN NO FUNCIONA. No quieren que se les diga que son malas personas y no les importa tanto como para detenerse.
- LAS VÍCTIMAS DEL BULLYING CREEN QUE SE LO MERECEN y creen que están haciendo algo mal. Pedirle a las víctimas que cambien sólo reforzará su creencia de que están haciendo algo mal y tienen la culpa.
- ACONSEJAR A LOS JÓVENES QUE SE ENFRENTEN A LOS BULLIES NO ES REALISTA NI EFECTIVO. Esperar que los observadores arriesguen su seguridad no es ni razonable ni inteligente.
- LA MAYORÍA DE LOS JÓVENES SON AMABLES Y EMPÁTICOS. Es más fácil inspirar a un observador a ser bueno y amable de lo que es tratar de cambiar el comportamiento de un bully.

Esto nos deja con dos grupos lo suficientemente fuertes e interesados como para cambiar la cultura escolar: los maestros y los observadores. Davis dice: "He trabajado principalmente con el equipo escolar y los observadores porque estos grupos definen qué comportamientos son aceptables y cuáles no."

Bullying en casa

La historia de Gordon

Hasta que cumplí once años, mi mayor temor era que mi padre se fuera de casa. Después de eso, mi mayor temor era que regresara a casa. Mi papá se fue cuando yo tenía diez años, y como la mayoría de los niños, pensaba que era mi culpa.

Regresó cuando tenía once. Estaba feliz, ansioso, esperanzado, asustado. ¿Nos amaría lo suficiente como para quedarse? ¿Seríamos una familia normal que juega en el parque y se va de vacaciones?

Mi emoción duró poco. A las dos semanas, mi papá me llamó. Yo era el más chico, Dios sabrá por qué me escogió a mí para hablar y no a nadie más, y me dijo: "No me puedo quedar aquí. No amo a tu madre y no los amo a ustedes." Y se fue.

Estaba hecho trizas: "¿Qué pasa conmigo? ¿Qué pasa con nosotros?"

Pasaron otros dos años antes de que lo viéramos de nuevo. De repente, en 1974, se apareció para Navidad. Yo estaba emocionado: tendríamos una cena de navidad normal. Mi mamá decoró la mesa e hizo un esfuerzo muy especial, pero mi papá estaba infeliz y enloqueció: "¡Qué mi...! Mi dinero de pensión se está yendo en cocteles de camarón!"

Después dio un salto y con una mano lanzó la mesa hacia mi madre. El impacto de uno de los bordes contra su cabeza lanzó a mi mamá hacia la pared. Cayó entre una lluvia de platos, vasos y adornos de navidad. La pobre de mamá estaba inconsciente antes de llegar al suelo. Papá llevaba en casa sólo veinte minutos. Salió hecho un relámpago y nunca más volvió a nuestro hogar.

> **Mi papá se fue cuando yo tenía diez años, y como la mayoría de los niños, pensaba que era mi culpa.**

La ley del hielo

Mi papá odiaba a mi mamá, así que la castigaba humillando a sus hijos. Solía llamarnos *estúpido* o *idiota*. Desde que recuerdo, nunca tuve una conversación con él. Yo era un buen jugador de futbol —lo que debía ser una alegría—, pero papá lo convirtió en un infierno. Antes de un partido me prometía veinte centavos si anotaba un gol; si no lo anotaba, no me hablaba durante tres días.

Me castigaba retirándome la palabra. Sucedía una y otra vez. Yo sufría más por su "ley del hielo" que por cualquiera de sus abusos verbales. Pensaba: "¡Bastardo!"

Los padres no se dan cuenta de que este tratamiento de silencio puede doler mucho más que, incluso, las golpizas. Yo compartía una habitación con mi hermano mayor, David. Ya que mi papá era un bully, mi hermano también lo era. David me golpeaba casi a diario. Me escondía bajo las cobijas y pretendía estar dormido, pero no servía de nada.

La mayoría de las veces, David me golpeaba sin razón alguna, pero cuando tenía una, era brutal. Ocho años mayor que yo, David tenía un par de mocasines increíbles. Un día, cuando yo tenía doce y David estaba en el trabajo, los tomé prestados. Me sentía muy orgulloso, muy adulto. Caminé a la plaza sintiéndome Elvis. Cuando regresé, cuidadosamente regresé los zapatos a su lugar en el clóset, pero olvidé desatar las agujetas.

David llegó a casa y se dio cuenta de que había usado sus zapatos. Yo estaba sentado en la sala cuando David se me acercó por la espalda. Con un gran golpe en la cabeza me lanzó al espacio. Aterricé detrás de la televisión, inconsciente. Desperté para encontrar a mi madre tumbada sobre el suelo, con mi hermano y mi hermana a su lado. Había presenciado el vil ataque de David y se había desmayado.

ANDREW MATTHEWS

Temor constante

Después de Navidad, mi mamá fue hospitalizada por un colapso nervioso. Se perdió en una neblina de alcohol y pastillas durante muchos años y yo quedé a la deriva. Para mí, estar solo y asustado era lo normal.

Chistoso, ¿no? La mayoría de los niños temen que sus papás vean su boleta de calificaciones. Yo deseaba que alguien, quien fuera, quisiera verla. Vivía en constante temor. Temía que mi mamá muriera de una sobredosis o que cayera por un risco mientras manejaba. Tenía miedo de ir a la escuela. No tenía confianza, no podía hacer amigos y era un mal estudiante. Estaba asustado de llegar a casa porque sabía lo que me esperaba: una golpiza de mi hermano. Me sabía una canción. La tocaba en mi cabeza una y otra vez para darme valor:

> Camina erguido, camina recto y mira al mundo a los ojos
> es lo que decía mi madre cuando le llegaba a las rodillas.
> Camina erguido, camina recto...[3]

La cantaba todos los días. Esa canción me daba fuerzas.

A veces hay una sola persona en tu vida que te llena de esperanza. En mi caso, era un maestro, el señor Pearsal, que sabía de mis problemas en casa. El señor Pearsal hizo un gran esfuerzo por hablar conmigo en la escuela. Me dio bastante tiempo y eso me hizo sentir especial. A veces iba por mí a casa para llevarme a la alberca. Nunca sabrá lo mucho que significó para mí tener a un adulto que me tratara con tanta amabilidad.

¿Quién podrá amarme?

Ya que mi papá nos dejó cuando era joven, esperaba que las demás personas también me abandonaran. No podía creer que alguien pudiera quererme y eso de verdad me volvía increíblemente celoso. Me divorcié dos veces antes de cum-

> **"** Con un gran golpe en la cabeza me lanzó al espacio. Aterricé detrás de la televisión, inconsciente. **"**

> **"** A veces hay una sola persona en tu vida que te llena de esperanza. **"**

___

[3] Don Wayne, "Walk tall" (permiso solicitado).

plir los treinta. Estaba asustado de que mis esposas me abandonaran y encontraba excusas para dejarlas antes de que ellas me dejaran a mí.

Ahora tengo cincuenta y aún me siento herido. Pero gradualmente he aceptado que soy una buena persona. Tengo una pareja hermosa, Natalie, desde hace diez años y tenemos cuatro hijos que adoramos con toda el alma. Somos considerados el uno con el otro.

Los últimos veinte años he sido dueño de restaurantes. Puedo lidiar con clientes furiosos porque entiendo que no están furiosos conmigo, simplemente son personas enojadas. No lo tomo personal. Puedes elegir qué tanto dejas que te afecten esas personas. ¿Por qué permitir que alguien a quien no respetas, o no conoces, arruine tu día? No se trata de lo que te sucede, sino de lo que percibes que te sucede. Respetar a la gente y respetar sus sentimientos es algo muy importante en mi vida.

> 66 *Trabajé muy duro en perdonar a mi padre, por mi propio bien.* 99

Perdón

Ya que mi padre abusó de mi madre y de nosotros; ya que mi madre me azotaba con un látigo para perros y mi hermano me golpeaba a diario, juré que yo nunca sería así con otro ser humano. Me prometí a mí mismo que nunca lastimaría emocionalmente a nadie como mi padre lo hizo conmigo.

Cuando estaba por cumplir los treinta conocí a ciertas personas y busqué ayuda. Leí algunos libros de autoayuda. Me las arreglé para cambiar mi vida. Llevaba muchos años con resentimiento, enojo, tristeza, celos y una herida que no sanaba. Estaba controlando mi vida y casi la arruina. Trabajé muy duro en perdonar a mi padre, por mi propio bien.

Aunque vivimos muy lejos el uno del otro, veo a mi padre, a mi madre y a mi hermano cada que puedo. Cuando aprendí a perdonarlos mi vida mejoró mucho. Nunca me imaginé que un día tendría una vida normal y una familia. Por primera vez siento estabilidad. Mis hijos me han dado significado y una razón para madurar; una razón para dejar de ser ese niño indefenso y lastimado. Hoy aconsejo y asesoro a adolescentes. ¿Qué les digo?

• Nadie te puede hacer menos si tú no lo permites.
• Tú puedes romper el círculo vicioso del abuso.
(El correo electrónico de Gordon es gke13182@bigpond.net.au)

¿Por qué lo hacen los bullies?

4

Richard Plotkin

Richard Plotkin, de cincuenta y nueve años, vivía solo en un *cottage* en el pueblo marítimo de Rosebud, Victoria. Solitario y un poco excéntrico, era bien conocido por los habitantes de Rosebud que lo conocían como Smokey, porque fumaba mucho. Richard nació en una familia bien educada, su padre era un miembro de parlamento. Richard era un niño brillante. Tocaba instrumentos musicales, era excelente al escribir y ganó varios premios de poesía.

Solía ser visto en el pueblo con su chamarra de borrego y su larga barba. Tomaba café en su cafetería favorita y comía en la fonda de Vinnie. La fonda de Vinnie es un lugar en donde los voluntarios sirven comidas a los más necesitados. Por la noche, caminaba en las calles pero a nadie le preocupaba. Era inofensivo.

Richard era un blanco fácil para un grupo de cinco bullies locales de entre dieciocho y veinte años que se burlaban de él. Una vez trataron de prenderle fuego a su barba con un encendedor. Otra, afuera del Hotel Rosebud, le lanzaron un recipiente de crema a la cabeza. Una amiga de los chicos grabó el ataque y lo subió a YouTube. El sargento Scott Barnes dijo después: "Estos chicos parecían muy incómodos con la existencia de Richard."

> **"** *Una vez trataron de prenderle fuego a su barba con un encendedor.* **"**

Barnes explica: "El 30 de septiembre de 2008 los cinco jóvenes estaban aburridos y buscaban en qué entretenerse. Uno sugirió que fueran a la casa de Smokey y prendieran fuego a su puerta. A la media noche, armados con un recipiente de gasolina, llegaron a la casa de Richard. Pretendiendo ser policías, tocaron a la puerta. «Richard, soy Smitty de la Policía de Rosebud.» Cuando Richard abrió, le lanzaron la gasolina. Empaparon su puerta, su cabeza y su pecho."

Se tardaron un poco en encender el fuego. Al final, dos de ellos usaron residuos de gasolina en el recipiente para hacer algo parecido a una bomba molotov y lo lanzaron a una de las ventanas. El recipiente ardiendo rompió el vidrio y Richard, con su casa, se encendieron. Los cinco muchachos corrieron.

Con sus ropas y su piel ardiendo, Richard escapo lanzándose por la misma ventana. Los vecinos lo encontraron más tarde a un lado de la carretera. Estaba irreconocible, quemado y confundido sobre por qué la policía lo habría incendiado. Cuando los detectives visitaron la escena del crimen encontraron el suelo chamuscado en donde Richard fue hallado. Sus ropas estaban reducidas a cenizas. Su casa estaba completamente destruida.

Las heridas de Richard

Richard sufrió de quemaduras de cuarto grado en más de la mitad de su cuerpo. No tenía orejas, labios o párpados. Una ambulancia aérea lo llevó al hospital Alfred en Melbourne, en donde los doctores lo indujeron a un coma. Richard pasó semanas en cuidados intensivos luchando por su vida. Recibió implantes de piel en espalda, cuello, hombros, cuero cabelludo y dedos de las manos.

El Escuadrón de Incendios y Explosivos de Victoria trabajó en el caso. Buscaron testigos en todo Rosebud. Entrevistaron amigos de los bullies y examinaron videos de la televisora local. Químicos forenses revisaron la escena del crimen.

El sargento Barnes recuerda: "Algunas personas reportaron que los chicos estaban presumiendo de lo mucho que habían lastimado a Richard. Había algunos mensajes en MySpace en donde uno de ellos hablaba sobre haber incendiado una casa." En nueve días los cinco fueron arrestados.

Al principio, los cinco negaron su participación. Uno por uno, al darse cuenta de que el líder del grupo estaba bajo custodia y se había declarado culpable, fueron cambiando su historia. El líder era particularmente arrogante. Cuando lo arrestaron, le pregunto a la policía si en la estación había un gimnasio que pudiera usar.

Cuando los cinco admitieron haber formado parte del crimen, ninguno consideró su ofensa como algo serio. Uno explicó: "Estábamos hablando sobre divertirnos un poco y meternos en algo de problemas…"

Richard quedará desfigurado por el resto de su vida. Requerirá rehabilitación y muchas cirugías. ¿Cómo se puede describir este crimen? ¿Estúpido, cruel, innecesario? Es una tragedia para un hombre indefenso cuya vida no volverá a ser la misma. También es una tragedia para cinco familias.

Cuando el caso llegó a la corte, algunos reportes dijeron que nunca habían presenciado tal interés público en un caso. En la audiencia, el magistrado Peter Couzens demandó escuchar a los padres. Una madre se ofreció a ayudar a Richard en el hospital. "Si pudiera alimentarlo, si pudiera ponerle sus gotas para los ojos y ayudarlo durante el resto de su vida…" Otra madre dijo que no podía creer que su "niño bueno" estuviera involucrado.

Cinco vidas fueron destruidas. Las vidas de cinco familias quedaron arruinadas. ¿Qué madre se puede imaginar que su

> 66 *¿Qué madre se puede imaginar que su precioso niño de cinco años crecerá y quemará vivas a personas inocentes?* 99

precioso niño de cinco años crecerá y quemará vivas a personas inocentes? Tres de los cinco tenían antecedentes policiales, pero los otros dos no.

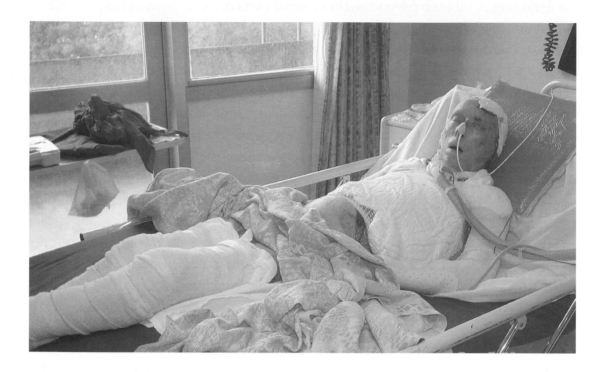

No hay observadores inocentes

Algo sucede cuando la gente se junta. Cuando un montón de gente se decide a ayudar —por ejemplo, una comunidad se organiza para construir una escuela o recaudar dinero para un niño enfermo—, puede hacer milagros. Un grupo puede lograr más de lo que una persona se puede imaginar.

Pero cuando un montón de gente se decide a lastimar, hacen más daño del que una sola persona se puede imaginar jamás. Sólo un hombre tuvo la idea de provocar un incendio. Sólo uno de ellos lanzó la gasolina. Sólo uno lanzó el recipiente ardiendo. Los cinco están en la cárcel.

> **No hay tal cosa como un observador inocente.**

La policía argumentó que los cinco fueron responsables y el juez estuvo de acuerdo. El mensaje de la corte fue: "No hay tal cosa como un observador inocente." El mensaje para cada uno de ellos fue:

- Tú escogiste estar ahí.
- En cualquier momento, pudiste haber dicho: "Esto no está bien."
- Dejaste solo a un hombre que estaba en llamas.
- No llamaste a una ambulancia.
- No llamaste a la policía.
- Sabías que era un crimen, pero lo hiciste.

¿En dónde estaban los observadores?

La chica que grabó el video del bote de crema y lo subió a YouTube sabía que estaba mal abusar así de un hombre inocente. Sabía que estaba mal grabarlo. En cualquier momento pudo:

- Rehusarse a grabar el video.
- Borrar el video.
- Decir a los chicos: "¡Son unos cobardes! Dejen a este hombre en paz."
- Decírselo a sus padres.
- Decírselo a la policía.

Pero no hizo nada. ¿Y si hubiera hablado?

Después del incendio, varios testigos de ataques previos a Richard contactaron a la policía. Estos testigos pudieron haber ayudado a Richard cuando aún había tiempo. Les pudieron haber dicho a los bullies que dejaran en paz a ese hombre inocente. Pudieron haber llamado a la policía y prevenir una tragedia. Pero nadie hizo nada.

El resultado

El sargento Scott Barnes reflexiona: "El resultado exitoso de esta investigación se le puede atribuir a la ayuda de la comunidad, que estaba profundamente afectada por este acto sin sentido, y al trabajo excepcional de todas las áreas de la Policía de Victoria: el departamento de Homicidios, la Unidad de Vigilancia, las Unidades Regionales de Respuesta y a la oficina de Incendios y Explosivos."

La corte designó la Oficina de Defensa Pública de Victoria como sus guardianes. Esta oficina defiende los derechos e intereses de personas con alguna discapacidad y trabajan para eliminar abusos, negligencias y explotación.

El personal de esta oficina estaba comprometido a darle justicia a Richard Plotkin. Su defensor legal, Leon O'Brien, preparó un poderoso argumento en su nombre.

La asesora de medios Sally Gibson se aseguró de que la cobertura de la prensa respetara su privacidad en la mayor medida posible sin dejar de recalcar la naturaleza tan horrenda del acto. Al respecto, dice Sally Gibson: "Leon fue un héroe absoluto durante el caso, y continúa siéndolo." Hoy, lamentablemente, Richard Plotkin está completamente devastado.

En pocas palabras, si eres el observador de un abuso, y no haces nada, eres parte del problema.

Malas compañías

¿Qué dicen la mayoría de los padres cuando sus hijos se meten en problemas serios? "¡Se junta con la gente equivocada!", es la típica respuesta reflejo. Los padres culpan a los AMIGOS. Si tu hija se junta con la gente equivocada, éstas son las primeras preguntas que debes hacerte:

- Si es la gente equivocada, ¿por qué le caen bien?
- Si es la gente equivocada, ¿por qué les cae bien ella?
- ¿Qué es lo que se siente bien de estar entre las personas equivocadas?

Y la gran pregunta:

- ¿SI ESTÁ ENTRE TAN MALA COMPAÑÍA, QUÉ HAS HECHO TÚ POR SACARLA DE AHÍ?

¿Tu hijo es un bully?

¿Quieres molestar a tus vecinos en un instante? Intenta decirles cualquiera de estas cosas:

- Eres feo.
- Eres estúpido.
- Eres un perdedor.

O si en realidad quieres molestarlos:

- ¡Tu hijo es un abusivo!

Cuando confrontas a los padres de los bullies, se enojan y se ponen a la defensiva. Dicen cosas como:

- Sólo estaba jugando.
- No es ningún bully, sólo es muy seguro de sí mismo.
- No es ningún bully, tu hijo es un enclenque.

Los bullies vienen de todos colores y sabores. Algunos son populares y algunos son rechazados. Pueden ser extraños o amigos de la familia. Algunos son como Jekyll y Hyde: amigo un día, verdugo al siguiente. Matthew describe al bully que lo aterrorizó durante tres años:

> Sí, yo conocía al bully. Pesaba casi 30 kilos más que yo y estaba un año adelante de mí, pero era dos años mayor. Yo lo veía como un modelo a seguir. Pensaba que era perfecto. Mis padres y sus padres eran entre sí excelentes amigos. Así que nos encontrábamos mucho desde que estaba en primer año. Puedo recordar que me sentaba en el asiento de atrás de la camioneta de sus papás con él. Recuerdo que iba a su casa.
>
> Algunos dicen que era el niño más fuerte de la escuela. Podía jugar cualquier deporte (yo todavía los odio). Estaba en la banda de la escuela. Tenía una gran voz. Las niñas creían que era el niño más lindo de la escuela. ¿Por qué me molestaba para llamar la atención? Nunca lo sabré.

¿Cuáles son algunas señales de que tu hijo puede ser un bully? Si tu hijo:
- tiene dificultades para conseguir amigos
- se interesa poco en los sentimientos de los otros niños
- excluye con frecuencia a algunos niños de sus juegos
- ha presenciado violencia física o verbal en casa, o
- llega a casa con juguetes o ropa que no le pertenecen, o dinero que tú no le diste; si se presentan estas situaciones, quizá tengas a un bully bajo tu techo.

Niñas contra niños
Cuando los niños se burlan de otros niños, suelen poner en duda su sexualidad. Etiquetan a sus víctimas como "gay", "maricón", "reina." Cuando las niñas se burlan de otras niñas, suelen criticar su moral. Usan palabras como "zorra", "puta", "fácil." Los niños siempre han golpeado y luchado, pero esto se está volviendo cada vez más común entre niñas.

Las niñas en particular se han acercado al ciber-acoso porque:
- Las niñas son menos confrontativas. El ciber-acoso se puede llevar a cabo a distancia.
- Están mejor equipadas para torturar psicológica y emocionalmente.
- Las niñas, en general, tienen más habilidades verbales.

Dos tipos de bullies

Una investigación del profesor noruego Dan Olweus y otros analistas confirma lo que ya sabemos: hay dos grupos básicos de bullies.

Bullies acosados: son abusados en casa o en la escuela, o en ambas. Tienen pocos amigos y un estatus bajo entre sus compañeros. Son solitarios y alienados.

Los Bullies acosados son usualmente los responsables de masacres escolares. Son los chicos que no aguantaron más, como Eric Harris, uno de los atacantes de Columbine, quien dijo: "Esto es lo que les toca por habernos tratado de esa manera."

Bullies *cool*: son los más típicos. Son confiados y tienen alto estatus.

El profesor Olweus comenzó a estudiar el bullying en los años setenta; es uno de los fundadores de este tipo de investigaciones. Resumiendo sus descubrimientos sobre bullies típicos y autoestima: *"No hay nada en los resultados que apoye la visión general (que los bullies sufren de baja autoestima)... Los bullies sufren de poca ansiedad e inseguridad... No sufren de baja autoestima."*[4]

Un estudio de 2003 conducido entre 1 985 estudiantes de sexto grado llegó a la misma conclusión: los bullies son menos propensos a sufrir de depresión, ansiedad o soledad. También demostró que los bullies son más populares entre sus compañeros.[5]

Todas las investigaciones muestran que algunos chicos populares son bullies, pero muchos chicos populares nunca lastiman a nadie. ¿Cómo explicar eso? Esto es lo que la mayoría de los libros y sus páginas no dejan en claro, de acuerdo con los psicólogos, hay dos clases muy distintas de niños populares:

- Populares QUERIDOS: estos niños son vistos como confiables, amables, considerados y amistosos.
- Populares PERCIBIDOS: estos chicos son socialmente prominentes y son envidiados o admirados. Otros estudiantes los pueden ver como fuertes, atléticos, talentosos, bellos... ¡pero no necesariamente buenos! Sus compañeros los pueden etiquetar como "arrogantes" y "creídos."

Los bullies *cool* pertenecen a este segundo grupo percibido como popular. Insultan, ridiculizan, acosan y excluyen a sus víctimas para mantener su posición social. Tanto los bullies acosados como los bullies *cool* tienen poca empatía con las víctimas.

---

[4] D. Olweus, *Bullying at school*, Blackwell Publishing, 1993, p. 34.

[5] S. Davis y J. Davis, *Schools where everyone belongs*, Research Press, 2007, pp. 1-2.

En pocas palabras, los bullies acosados han sufrido demasiado como para preocuparse por los sentimientos de los demás, y los bullies *cool* no han sufrido lo suficiente.

"He dejado de intentarlo"

La historia de Ted

Son las 7:40 a.m. Estoy exhausto y tengo que irme a la escuela dentro de quince minutos. Jugué *Grand Theft Auto* hasta las 3:00 a.m. El único momento en que no me odio a mí mismo —y a toda mi vida— es cuando me meto a los videojuegos.

Odio la escuela. Todos se burlan de mí. Los chicos me meten el pie, se roban mis sándwiches o me escupen y corren. La semana pasada rompieron mi bici. Yo sólo intento evitar el contacto con ellos.

Odio la escuela porque no tengo amigos y soy estúpido.

Otros chicos se la pasan bien en la escuela —escriben oraciones lindas, hacen ecuaciones— y sacan buenas calificaciones sin intentarlo siquiera. ¡Se creen tan listos!

He intentado hacer el esfuerzo, pero incluso cuando hago lo mejor que puedo, no tiene sentido. Una vez pasé un fin de semana entero escribiendo y reescribiendo un ensayo de historia. Estaba determinado a sacarme mi primer diez. Nunca había trabajado tanto en nada. Durante una semana entera soñé con llegar a casa con las noticias: "Mamá, papá, me saqué un diez." Y después el maestro regresó los ensayos. Reprobé.

Lloré durante tres horas. Hice un agujero en la pared de mi cuarto con mi puño. Traté de hablar con mi papá al respecto. Mi papá tiene su propia explicación. Él sólo dice: "Eres un estúpido."

Tampoco sé correr ni atrapar una pelota. Detesto mi trasero gordo, detesto mi cara gorda y llena de granos y mi cabello grasoso. Evito los espejos. Si veo mi reflejo en un aparador, me digo a mí mismo, "maldito gordo."

> **"** *Mi papá tiene su propia explicación. Él sólo dice: «Eres un estúpido».* **"**

Mis papás, ambos, trabajan. Siempre están ocupados y rara vez hablan. En casa, como solo. Mi papá siempre está enojado. Sé que está desilusionado de mí.

Mi papá solía pegarme. Lo hacía cuando rompía cosas u olvidaba algo. Y cuando se emborrachaba, casi a diario, me pegaba sin razón. Ahora soy muy grande, así que ahora golpea a mi mamá.

Mi mamá me llama "Teddy" y mi papá me llama "Estúpido." "Ey, estúpido, trae acá tu trasero." En la escuela no me dicen así. En la escuela me dicen "Puerco", "Melaza", "Terremoto", pero cualquier cosa es mejor a que tu papá te llame estúpido.

> **Desearía tener un amigo; un amigo que no pensara que soy un retrasado.**

Camino a la escuela solo. Camino como si estuviera muy confiado de mí mismo. ¿Pero sabes algo? Por dentro estoy llorando, todo el día, todos los días. Desearía tener un amigo; un amigo que no pensara que soy un retrasado.

Algunas veces, camino a la escuela, me encuentro con Jamie. Jamie es más joven que yo y muy pequeño. Y tiene una gran bocota.

Yo lo golpeo. Le digo: "Te enseñaré una lección, maricón." Claro, le tuerzo el brazo o mancho su cara con lodo. Ayer le quité el dinero de su *lunch*. ¿Eso es bullying? Todo el mundo lo hace.

He aquí a Ted, el bully que creció siendo abusado. Ted se odia a sí mismo. Se siente avergonzado de sí mismo. Él acosa a Jamie para tratar de olvidar que su vida es un infierno.

PREGUNTA: Si papá se mete y dice: "Eres un abusivo y un perdedor. Qué vergüenza. Te voy a quitar la computadora", ¿ayudaría en algo?

PREGUNTA: Si la mamá de Jamie acorrala a Ted en la calle y le grita: "¡Eres un perdedor y un maldito gordo!", ¿ayudaría en algo?

PREGUNTA: Si el director de la escuela dice: "¡Sinvergüenza! ¡Estás suspendido una semana!" ¿Resolvería esto el problema?

PREGUNTA: ¿Qué tanto necesitas castigar a Ted hasta que se convierta en un chico normal y feliz?

Ningún chico merece sufrir como él.

¿Qué quieren los bullies?

Los bullies quieren lo que cualquiera. Los bullies quieren:

- Sentirse amados por sus padres.
- Ser populares con sus amigos.
- Ser buenos en algo.
- Sentirse en control de su vida.
- Los bullies quieren sentirse listos, poderosos, apreciados.

Todos quieren sentirse buenos en algo, en la escuela, en algún deporte, o en ser una buena persona, o en ser un buen hijo o hija, o en sentirse bien consigo mismos. Pero cuando un chico se siente despreciado, incompetente —y si ha pasado su vida entre golpes, ridiculizado— puede adoptar la estrategia de muchos delincuentes:

Si no te gusto,
¡así al menos notarás que estoy aquí!
Si no puedo ser bueno en ser bueno,
seré bueno en ser malo.
Seré bueno en romper cosas y golpear gente.
Seré bueno en hacerte sentir mal.
Entre peor quedes, mejor quedo yo.
Entre peor te sientas, mejor me siento yo.

Los bullies tienen excusas como:

- Otros chicos lo hacen.
- Se lo merece.
- Es lo que la gente hace.
- Me hace sentir superior.
- Así no me molestarán a mí.

Los bullies disfrutan el poder

Tú has visto niños que acosan, por ejemplo:

- Tommy, de seis años, está en el patio con su hermana pequeña. Cuando Tommy cree que nadie está mirando, le agarra la oreja y se la dobla. Ella grita pero no la deja ir. En la cara de Tommy hay una expresión de triunfo... "¡Soy poderoso! Se lo merece y lo hago porque puedo."

• Cuatro muchachos de prepa molestan a otro porque está pasado de peso. Son un grupo, pero parecen serlo de pirañas... "Oye, gordito, ¿cuándo fue la última vez que viste tus pies?... Eres asqueroso... perdedor."

No atacan por enojo, atacan por asco, por desdén. No sienten ningún respeto. Los bullies creen: *"Yo soy mejor que tú. Puedo ser tan cruel como quieras porque tú no vales nada."*

En pocas palabras, el bullying no se trata de coraje, se trata de poder, de desdén.

Bullying en las niñas

5

Lo que las niñas valoran

Peter y Mandy salen en una cita. Al día siguiente, Mandy se junta con su mejor amiga, Tanya. Pasan una hora y media revisando cada detalle. Tanya tiene cientos de preguntas. "¿Cómo fue? ¿Qué te pusiste? ¿Qué te dijo? ¿Qué le dijiste? ¿Cómo besa? ¿A dónde fueron? ¿Es romántico? ¿Es amor?" Al día siguiente, Peter ve a su mejor amigo, Todd, y éste le pregunta: "¿Te la llevaste a la cama?"

Con las niñas, todo se trata de LA RELACIÓN. Como un entrenador de futbol notó: *"Si tengo a un montón de chicos juntos que no se conocen y los mando a jugar, no lo pensarán dos veces. Saldrán a jugar, y luego se irán sin preocuparse si se verán de nuevo o no."* Y añade:

"Pero no con las chicas. Ellas tienen que saber quién es la líder, con quién se pueden juntar, quién es linda, quién es popular, todo eso antes de ponerse a jugar."[6]

Este patrón continúa en la edad adulta. Toma a cualquier grupo de hombres y mujeres de cualquier mesa en un restaurante. En algún momento, una mujer dirá: "Voy al tocador, ¿alguien viene?" Con las mujeres, se trata del grupo, de hacer lazos, de hablar.

¿Pero, cuándo fue la última vez que viste a un hombre levantarse de la mesa y decir: "Voy al baño, ¿quién me acompaña?" ¡Para los hombres se trata de independencia! Es por eso que los hombres odian pedir indicaciones: "Puedo encontrar el aeropuerto, el hotel, el hospital —y el baño— sin ayuda."

Para los hombres, son las actividades las que mantienen unida una relación; así que dos hombres pueden pescar juntos durante todo un día sin decir una palabra. Mientras que dos mujeres pueden hablar todo el día sin pescar nada.

En pocas palabras, puesto que son las relaciones las que más importan a las mujeres, es ahí en donde se lastiman más.

---

[6] C. Dellesaega y C. Nixon, *Girl wars*, Simon and Schuster, 2003, p. 8.

Guerras de mujeres

Los hombres están programados para solucionar desacuerdos peleándose. Los animales lo hacen. Es la testosterona, así es como funciona el cerebro masculino.

Asimismo, los chicos tienen todos los modelos agresivos a seguir. Seguro has visto esas películas en donde dos hombres se ponen de acuerdo para pelear afuera de la cantina. Se golpean hasta que no se pueden parar. Después, con las narices rotas, quedan como amigos. Se acabó, está olvidado.

Con las mujeres es más complejo. Ellas usan los rumores y la exclusión. A esto los expertos llaman acoso relacional. "Hoy eres mi mejor amiga, mañana eres historia." Las relaciones entre chicas son más intensas, casi como un amorío. La herida es más profunda y dura más tiempo.

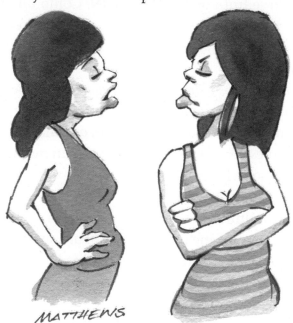

MATTHEWS

"¡Me sentía como si hubiera sido apuñalada!"

La historia de Jane

Alana era mi mejor amiga. Tenía las extremidades largas y elegantes, y unos rizos gruesos y negros. Yo era plana y regordeta. Me sentía muy privilegiada de ser su amiga. Pasábamos nuestros días juntas y nuestras noches hablando por teléfono. Un día me llamó y me dijo: "Se acabó."

Alana tenía nuevas amigas. Me sentía como si me hubieran apuñalado. Me hice bolita en mi cama y lloré durante horas.

Alana y su nuevo grupo decidieron que yo era una perdedora. "No te juntes con Jane, podrías terminar pareciéndote a ella." "Oye, Jane, ¿te tomaste tus píldoras de la fealdad?"

Las burlas continuaron durante tres años. A veces encontraba escrito sobre mi *locker*, con marcador negro, "perra estúpida."

No sabía por qué me hacían eso. Lo único que sabía era que estaba fea y que había algo malo conmigo. Estaba devastada. Trataba de hacer nuevas amigas pero ya estaba dañada. Me deprimí. Comencé a reprobar, a arrancarme las pestañas.

Me tomó seis años recuperarme, aunque no estoy tan segura de qué tan recuperada esté en realidad.

> " *A veces encontraba escrito sobre mi locker, con marcador negro, «perra estúpida».* "

"Era una rechazada de la noche a la mañana"

La historia de Ellie

Éramos un grupo: las chicas *cool*. Estábamos en el equipo de basquetbol. Vivíamos en la misma parte del pueblo. Un día, mi mejor amiga, Sharon, me citó para una reunión en un pasillo. Había siete chicas ahí. Sharon anunció: "Ya no eres nuestra amiga. NO eres lo suficientemente *cool*." Otra dijo: "Eres una vergüenza."

Traté de hablar con ellas pero me ignoraron. Me ofrecí a compartirles mi almuerzo pero me rechazaron como si estuviera apestada.

Era una rechazada de la noche a la mañana, excluida del patio, de las fiestas, de las pijamadas. De pronto estaban los rumores. Me pasaban notas en clase: "Lesbiana. Puta." ¿Qué haces cuando todo el salón se ríe de ti? Me volví una solitaria. Pasé los últimos tres años de la prepa tratando de volverme invisible.

¿Qué le da derecho a alguien arruinar la vida de otra persona?

Si eres mujer sabes que así es. Es una gran sorpresa para muchos hombres, como novios, esposos y padres, enterarse de lo que pueden hacer las muchachas. A veces pasan muchas cosas feas bajo la superficie.

Secretos de chicas

Michelle Mitchell, autora de *Lo que las chicas no le dicen a sus papás*, dice que con las niñas "lo que ves no es lo que obtienes. Las adolescentes tienen una portada y un interior."

"Lo que sucede adentro y afuera son cosas completamente distintas. ¡Los adolescentes realmente no odian a sus padres! Cuando le pregunto a esas chicas si confiarían en sí mismas, me contestan: «¿Eres idiota o qué? ¡Por supuesto que no!»"

"Así que ellas saben que necesitan protección. Las adolescentes quieren ser protegidas. Ellas no quieren parecer que no pueden manejar sus vidas, así que esconden a sus malas amistades."

Su consejo a los padres es: "Ayuda a tu hija a tener control del proceso de comunicación. Las niñas llegan a casa con un montón de preguntas, pero las adolescentes no son así. Diles: «Aquí estoy cuando quieras hablar sobre esto», y te sorprenderás del resultado."

Tips para chicos acosados

6

"¡A todos les juegan bromas!"

Padres y maestros dicen: "Las bromas son normales." Las bromas SÍ son normales, pero hay una gran diferencia entre el bullying y las bromas.

EJEMPLO: John y sus amigos están comiendo. John es famoso por su gran apetito. Una vez que ha demolido tres hamburguesas y dos pays de manzana, su amigo Nick le dice: "¿Hambre?" Todo el mundo se ríe, incluyendo a John.

EJEMPLO: Karen y sus amigos tienen alrededor de 17 años. Karen tiene un vecino, Jimmy, de 10 años, que está profundamente enamorado de ella. Karen se lamenta que no tiene novio y sus amigos le replican: "¡Pero tienes a Jimmy!", y todos ríen, incluida Karen.

Las bromas sanas suceden entre iguales:

- Es diversión inocente.
- Son bien intencionadas.
- Cuando los amigos bromean, todos se ríen juntos.
- Los amigos no hieren sentimientos a propósito. Si alguien se molesta, las bromas se terminan.

El bullying sucede cuando hay un desequilibrio de poder:

- Su objetivo es herir, ser cruel y humillante.
- El bully ríe, pero su víctima no.
- Cuando la víctima se estresa, las burlas se incrementan.

Hay cosas que simplemente no están bien. La gente dice "Todo el mundo lo hace", pero no es así.

"¡Estoy bromeando!"

No es tu culpa

A algunas personas les gusta romper cosas. Lanzan rocas a las ventanas, le prenden fuego a los buzones. Si ven un Porsche brillante, toman una llave y lo rayan. ¿Lo hacen porque tiene algo de malo el Porsche? ¡NO! Lo hacen porque tiene algo BUENO.

- Los vándalos no tienen respeto.
- Los vándalos sólo quieren causar daño.
- Si no hay un lindo auto para destruir, encontrarán algo más.

Los bullies son iguales:

- No tienen respeto.
- Sólo quieren causar daño.
- Si no estuvieras, se lo harían a alguien más.

¿Lo ves? Si te molestan, NO ERES TÚ EL DEL PROBLEMA. No te molestan porque haya algo malo en ti. Entonces, los bullies atacan porque hay algo bueno en ti. Por ejemplo, puede no gustarles que:

- Seas inteligente.
- Seas un genio de las computadoras.
- Vengas de una familia feliz.
- Estudies mucho.
- Tengas más dinero.
- Te veas más feliz.
- Seas una persona decente.

Quizás te molesta porque:

- Está aburrido.
- Es egoísta.
- Es malo.

Tienes el derecho de sentirte seguro. Si te molestan en la escuela, es responsabilidad de la escuela detenerlo. Si te acosan o atacan fuera de la escuela es responsabilidad de la policía ayudarte.

En pocas palabras, si te molestan, no significa que tengas algo malo, ¿entiendes?

Tips para lidiar con los bullies (¿qué funciona?)

Hay libros y sitios web que ofrecen muchos consejos a víctimas de los bullies. Posiblemente descubras que hay mejores estrategias que otras.

En 2010, el Proyecto de Investigación Voz Joven encuestó a trece mil estudiantes. El objetivo era encontrar las estrategias que los chicos acosados encuentran de mayor ayuda.

1. DILE A UNO DE TUS PADRES O A UN ADULTO EN CASA. Te preguntarás qué pueden hacer tus padres. AUNQUE NO HAGAN NADA, TE SENTIRÁS MEJOR.

   Cuando hablamos con alguien sobre un problema, lo comprendemos mejor. Los padres no son perfectos, pero suelen preocuparse más que cualquier otra persona. Merecen saber y quieren saber. Contarle a alguien no significa que seas débil. A veces necesitamos ayuda. Si te rompes una pierna, necesitas buscar ayuda, y eso no significa que seas débil.

2. DILE A UN AMIGO. Los bullies quieren que te quedes callado. Cuando hablas, estás cambiando las reglas del juego. Decirle a otros sobre el problema es un movimiento valiente.

3. DILE A UN ADULTO EN LA ESCUELA. Es parte del trabajo de tu maestro ayudarte. Si el primero no lo hace, dile a otro y a otro.

4. HAZ UNA BROMA SOBRE EL BULLYING. Incluso puedes mostrarte de acuerdo con el bully. Ellos se sienten superiores cuando te enojas o discutes. A veces ayuda estar de acuerdo con ellos. Imagina que tienes las piernas delgadas pero no las quieres tener así, entonces el bully te dice: "Hey, tus piernas son como popotes." Tú respondes con una sonrisa: "Ya lo sé."

   "Oye, pero son de verdad muy flacas."

   "Sí, ya lo sé."

   El bully sólo espera que tú muerdas el anzuelo y respondas ahogado en lágrimas.

   Bully: "Oye tú, ¡cuatro ojos!"

   Tú: "¿No te gustan mis anteojos?"

   Bully: "¡Exactamente!"

   Tú: "A mí tampoco me gustan."

5. RECUÉRDATE QUE NO ES TU CULPA.

6. HAZ COMO SI NO TE MOLESTARA. No es fácil, pero varios estudiantes, especialmente los más grandes, lo encuentran muy útil.

7. DEJA EL LUGAR. Sólo porque alguien comience a discutir contigo no quiere decir que tengas que quedarte hasta terminar.

8. IGNÓRALO. Haz como si él o ella fuera invisible. Pretende ser sordo, o actúa como si estuvieras protegido por un manto invisible; visualiza los insultos rebotando contra él.

Éstas son algunas estrategias que pueden volver PEOR el bullying:

1. PLANEAR LA VENGANZA.

2. DECIRLE AL BULLY CÓMO TE SIENTES. ¡Los bullies, justamente, quieren hacerte sentir mal! A ellos no les interesa saber la razón de por qué hacen lo que hacen.

3. NO HACER NADA.

4. PEDIRLE QUE SE DETENGA. Muchos libros y páginas de internet te aconsejarán que le pidas al bully que se detenga. Pero ellos buscan reacciones. Entre más le pidas que se detenga, será peor.

Y la peor de todas:

5. GOLPEAR AL BULLY.

Cuando estés acorralado, debes tomar una postura, lo cual no significa que lo tengas que golpear. No tiene sentido golpear a alguien que es más grande que tú o que está en grupo. Tu seguridad es más importante. Si el bully decide robarte, déjalo ir. Las cosas materiales pueden ser remplazadas.

Algunos consejos generales

Nadie merece ser acosado. No importa cómo camines o cómo hables, nadie tiene el derecho a atacarte. No debes tener que cambiar tu comportamiento para complacer a un acosador.

ANDREW MATTHEWS

Aún así, hay algunas cosas que vale la pena tener en mente:

Mantente relajado

Algunas veces, la gente te dirá cosas para ponerte a prueba:

- ¡Gordo!
- ¡Feo!
- ¡Tu equipo apesta!
- ¡Tu novio es un idiota!

Suena extraño, pero no tienes por qué enojarte.

Hay muchas razones por las cuales los bullies molestan:

- Se quieren sentir muy rudos.
- Se quieren sentir superiores a ti.
- Quieren entretenimiento.

Muy seguido, sólo te estarán poniendo a prueba para ver cómo reaccionas. Quieren ver si te pueden hacer enojar. Si te enojas, ¡ganan!

Éste es el tipo de conversación que le gusta a un bully:

Bully: Eres un gordo.

Víctima: No es cierto.

Bully: Mírate, ¡eres una ballena!

Víctima: No soy una ballena.

Bully: Ok, eres una morsa.

Víctima: ¿Por qué me molestas?

Bully: Porque eres gordo y apestas.

Víctima: Claro que no.

Bully: Y eres tonto, igual que tu hermana.

Víctima: Deja a mi hermana fuera de...

Bully: Y tu peinado es estúpido...

No tienes que discutir

Mientras sigas contestándole, seguirá molestándote. No sigas su juego. Éste es el tipo de conversación que no quieren, porque es aburrida:

Bully: Eres un gordo.

Víctima: Tal vez.

Bully: Eres tan gordo que podrías hundir un barco.

Víctima: Tal vez.

Bully: Y eres feo.

Víctima: Tal vez.

Bully: Y estúpido.

Víctima: Tal vez.

Bully: Apestas.

Víctima: Tal vez.

Bully: ¿Es lo único que sabes decir?

Víctima: Tal vez.

Bully: Sólo sabe decir "tal vez."..

Víctima: Tal vez.

Los bullies quieren conversación. No se las des. Cuando hables, sé breve. Si puedes evitar a los bullies, HAZLO. Si sabes en dónde están, ve a otra parte.

Algunos dicen: "Me rehúso a escapar, no quiero parecer un cobarde." Míralo de esta manera: si un tigre anduviera suelto en tu vecindario, ¿pasearías por ahí tú solo? ¡No! Si un gran tigre te espera para arrancarte la cabeza, mejor elige el camino por donde no esté. Lo mismo aplica con un bully. Si un bully te acecha para arrancarte los brazos, ve por otra parte, no te arriesgues a ser herido por él, apártate del peligro.

En la escuela, algunos lugares son más seguros que otros. Si tienes que ir a la biblioteca durante el recreo, hazlo. Por lo general allí hay más maestros que bullies.

Piensa en lo que dirás

Cuando te molestan es difícil saber qué decir. Cuando estás nervioso, es difícil sonar convincente. Así que te conviene pensar en ello antes. Practica frente al espejo lo que le dirías a un bully.

Muéstrate confiado

¿Qué sabemos de los bullies? Molestan a las personas que parecen débiles. ¿Y qué parece débil? La gente encorvada, que mira al suelo y no hace contacto visual. Algunas víctimas del bullying mandan señales. Su voz es débil y miran al suelo todo el tiempo. Observa a la gente confiada, cómo habla, y hazlo como ellos: claro y fuerte. Observa cómo caminan. Endereza tus hombros. Mira al frente.

Puedes practicar en el espejo. Cabeza arriba y pecho hacia afuera. Vuelve un hábito mirar a la gente a los ojos. ¡Te sentirás mejor, es un hecho! Cuando cambias tus movimientos, cambias la forma en cómo te sientes. Prueba este experimento: sonríe y cierra los ojos, piensa en algo triste.

¿Qué descubriste? Es imposible mantener una sonrisa si piensas en algo triste. O tienes que pensar en algo feliz o quitarte la sonrisa de encima.

¿Qué significa esto? Que si caminas de manera confiada, te sentirás más fuerte y feliz.

Los bullies no te escogerán como su víctima. Si te comienzan a molestar y te muestras seguro de ti mismo, se detendrán porque son cobardes.

Date aliento
Cualquier deportista sabe que para pasar una situación difícil debe darse aliento, animarse:
- "Ya lo he hecho antes."
- "Olvida los insultos, mantén la calma."
- "Puedo hacerlo, un minuto a la vez."

Para tener fuerza interior como cualquier atleta, necesitas hacer exactamente lo mismo.

Podrías decir: "¡Los bullies deberían dejar de molestarme. No tengo por qué actuar con firmeza, no tengo por qué darme ánimos!" Es verdad, pero si estás bajo la presión de un bully tienes que actuar necesariamente.

Buenas noticias: miles de personas que fueron molestadas en la escuela se han vuelto adultos felices y exitosos. Y seguro te dirán: "Decidí volverme más fuerte. Encontré confianza en mí mismo."

Sé amistoso con los demás
No todos serán tus amigos, pero tú puedes ser amistoso con todos. Cuando hagas un esfuerzo para hacerlo con muchos chicos, sucederán tres cosas:
- Desarrollarás más confianza.
- La escuela será más disfrutable.
- Los bullies te dejarán en paz.

Camina a la escuela con un amigo
Los bullies son cobardes que sólo pelean cuando saben que seguro ganarán. Si estás con amigos, lo más probable es que te dejen en paz. Incluso si tu amigo es más joven que tú, los bullies te dejarán en paz si estás en compañía de alguien.

Lleva un diario
Lleva un registro del bullying. Cuando le dices a un maestro, a un adulto o a la policía, necesitas previamente registrar los hechos: qué, cómo, cuándo y dónde. Apégate a los hechos y evita exagerar.

Seguro has visto esos programas en donde el abogado se levanta ante el acusado y dice: "a las 11:15 p.m. del 4 de noviembre de 2010, usted entró a casa del señor Jones por el baño y lo golpeó en la cabeza dos veces con un objeto pesado…"

PRUEBA NÚM. 1: Una foto de la cabeza del señor Jones.

PRUEBA NÚM. 2: La nota de rescate.

PRUEBA NÚM. 3: El bate de beisbol.

El abogado tiene hechos. El acusado es encontrado culpable gracias a esas evidencias. ¿Pero qué sucede cuando todos saben que es culpable pero no hay evidencias? ¡Sale libre!

Pasa lo mismo si un bully te acosa. Si quieres ayuda de tus padres, maestro, director, policía o juez, necesitas reunir evidencias, hechos.

Lleva un diario de cada incidente que te suceda. Puede ser algo así:

"¿Quién ganó?"

14 de julio, 12:25 p.m.

DÓNDE: El pasillo afuera de los salones.

INCIDENTE: Tanya Jones y Louise Brown se me acercaron por detrás. Tanya dijo "Te voy a romper la cara." Me empujo hacia la pared. Anexo hay un reporte del médico y fotos de mi cara.

14 de julio, 4:31 p.m.

INCIDENTE: Recibí un correo electrónico ofensivo de Louise Brown. Se anexa fotocopia.

Si necesitas ayuda, necesitas ayudarte a ti mismo. Si le das todos los hechos al director o a un policía, DEBEN ayudarte. Serán culpables si no lo hacen.

Si eres víctima de ciber-acoso:

- Guarda todos los mensajes y correos como evidencia. Guarda los originales.
- Si las amenazas son por teléfono o *mail*, quizás puedas bloquear a la persona.
- Contacta a la escuela. Si las amenazas vienen de tus compañeros, la escuela es responsable y debe actuar.

Si el primer adulto no te ayuda, dile a otro; si el primer policía no te ayuda, dile a otro. Sé persistente.

¿Cómo puedo gustarme?

En nuestros corazones, la mayoría de nosotros cree que deberíamos estar mejor. Creemos que deberíamos tener mejores calificaciones. Queremos ser populares y juntarnos con la gente más "in." Sentimos que no estamos a la altura de las expectativas de nuestros padres.

Cuando te sientas así, sé tu mejor amigo. Acepta que, hasta ahora, has vivido tu vida tan bien como has sabido hacerlo. Nadie se embarca en una misión para destruir su vida. Gustarte a ti mismo significa perdonarte. Si has cometido errores serios, si has herido a algunas personas —y a ti mismo— sentirte culpable no ayudará. Si te sientes culpable por algo, ya estás sufriendo demasiado.

Olvida la perfección y apunta a mejorar.

De verdad es chistoso. Cuando te perdonas por tus propios errores, automáticamente comienzas a perdonar a los demás. Es sólo entonces que comienzas a disfrutar más a la gente.

"Pero no soy brillante..."

Quizás te veas y pienses: "No soy tan bonita como mi hermana. No soy tan talentosa como mis amigas y no soy buena en nada. ¿Cómo puedo sentirme bien conmigo misma?"

Hecho: Nadie es bueno para todo y prácticamente toda la gente tiene estos pensamientos alguna vez. Las cualidades que la mayoría de nosotros valora sobre todas las otras son la HONESTIDAD, el VALOR, la AMABILIDAD, la PERSISTENCIA, la GENEROSIDAD y la HUMILDAD.

Mira bien esa lista y descubrirás algo interesante: uno no NACE con esas características. Uno las DESARROLLA. Cualquiera puede poseerlas. Si quieres el respeto de los demás, no necesitas ser Einstein o una súper modelo.

¿Y si nadie más me hace ningún cumplido?

Cuando tienes tres años, necesitas la aprobación de todo el mundo... "Mami, papi, mírenme; vean qué listo soy." Y mami dice: "Sí, cariño, puedes sacar la lengua, ¡debes ser un genio!" Pero al crecer aprendemos a valernos por nosotros mismos. Con la madurez, aprendemos a escuchar nuestras opiniones más que las de los demás. No siempre obtendremos cumplidos.

Cuando no tienes apoyo de alguien más, apóyate a ti mismo. Haz pequeñas notas silenciosas de tus logros, de las cosas positivas que haces. Toma un pedazo de papel y haz una lista ahora mismo. Cuando la tengas, mírala regularmente.

¿Qué hay de la gente que te dice "¡Yo soy el mejor!"?

¿No odias a la gente que siempre trata de impresionarte? "Mi tío es multimillonario... mi papá maneja un Ferrari... conozco al Presidente... mi mejor amigo tiene un yate." Algunas personas te dirán que son las más inteligentes, ricas y hermosas. Esto no es evidencia de una buena autoestima.

La gente que hace esto tiene poca confianza. La gente que siempre te dice qué tan lista es o qué tan rica no suele estar muy cómoda consigo misma. La gente en verdad extraordinaria no te lo tiene que recordar todo el tiempo.

¿O acaso Batman dice a cada momento: "Mírenme, soy increíble y tengo las llantas más rápidas del mundo"? No. Él sabe que lo es, así que se dedica a salvar a Ciudad Gótica solamente.

Es la gente que no tiene mucho —y no puede hacer mucho— la que habla más. Mi madre siempre me decía: "Los barriles vacíos son los más ruidosos." Cuando comprendes por qué la gente es tan jactanciosa, ya no te irritan tanto.

¿Pero DE VERDAD me tengo que gustar?

¡Sí! La gente que no se agrada a sí misma es muy molesta. Por lo general, la gente que se valora poco tiene una o dos estrategias:

a) Te critican mucho, que es lo que hacen los bullies.

b) Se critican a sí mismos.

Estrategia A. Te critican mucho. Creen que de esta manera se sentirán mejor consigo mismos. Por ejemplo, Fred. Él cree que tiene una nariz muy grande y ojos de cerdito. También se siente un poco tonto en secreto. ¿Qué hace para sentirse mejor? Critica a todos sus amigos. Cuando alguien comete un error, se lo hace saber a todo el mundo.

Si conoces gente que no se agrada a sí misma, quizás te critiquen a ti y a todos a su alrededor. Recuerda que lo hacen porque tienen un problema.

Estrategia B. Algunas personas que no se agradan a sí mismas se critican demasiado. Utilizan comúnmente la psicología inversa. Por ejemplo, Mary. Siempre te dirá "Eres más bonita que yo. Eres más lista. Nadie me quiere." Espera que respondas: "¡No, Mary! Eres muy lista y hermosa." Después de un rato, la gente así te pone de mal humor.

En pocas palabras, cuando no nos agradamos, irritamos a los demás. También nos sometemos a mucho estrés. Cuando nos aceptamos un poco, nos salimos de esos juegos.

Tu autoimagen

Imagina esta historia. Durante tus primeras semanas de escuela, estás sentado en la clase de mate mirando por la ventana y el maestro te pregunta: "¿Cuál es la respuesta?"

¡Ni siquiera conoces la pregunta! Te pones nervioso. Pánico, lágrimas. En ese momento piensas: "Odio las matemáticas."

En casa, tu mamá te pregunta cómo te fue en la escuela. "No pude contestar una pregunta en mate", dices. Y ella te contesta: "En la familia todos somos malos para las matemáticas."

Sientes un gran alivio. "Claro que odio las multiplicaciones, ¡está en mis genes!" En adelante, es oficial. Entonces, ¿para qué hacer el esfuerzo, si nunca lo lograrás?

¿Pero qué sucedió aquí EN REALIDAD? Tuviste un mal comienzo y te quedaste atrás. Quizás esto no te pasó a ti, pero cada quien tenemos nuestra propia historia similar. Nadie nos apoyó cuando comenzamos mal. Vale la pena examinar las fuentes de estos "hechos" sobre lo que podemos hacer y lo que no. Por lo general, estos "hechos" son simples creencias, y suelen estar basados en evidencias muy débiles. La gente nos dice cosas sobre nosotros cuando somos jóvenes y las creemos.

Así, pasamos una vida entera creyendo algo que alguien más nos dijo pero no es verdad. Si tienes etiquetas como "soy de lento aprendizaje", "soy torpe", "no sé multiplicar", pregúntate: "¿Qué evidencia hay?"

En pocas palabras, desafía a tus etiquetas. Cuando nos damos una segunda oportunidad y pedimos ayuda, LO LOGRAMOS. La gente cambia. Tú puedes cambiar.

> " Cuando cometas un error, asegúrate de decir: "Cometí un error", y no "Soy un error. "

Sentirse bien

Cuando nos sentimos bien con nosotros mismos, nos sentimos más sanos, tenemos más energías y los problemas no parecen tan abrumadores.

Cuando nos sentimos miserables, es un castigo sobre nosotros mismos. Comemos mucha comida chatarra o salimos en busca de discusiones. No lo hacemos de manera consciente, pero sucede.

En esos días grises somos más proclives a caer por una escalera o a tropezar en la alfombra. Así que, ¿cómo hacer para sentirte bien contigo mismo?

1. No te critiques. Todos tenemos fallas, pero no necesitas darles publicidad. Habla bien de ti mismo.
2. Acepta los cumplidos.

3. Dile a otras personas más cumplidos.
4. Separa tu comportamiento de ti. Todos cometemos errores. Cuando cometas uno, asegúrate de decir: "Cometí un error", y no afirmes: "Soy un error."
5. Pasa tiempo con personas positivas. La compañía que tienes surte un gran efecto sobre cómo te sientes.
6. Haz películas mentales sobre cómo quieres ser. Despierta diez minutos más temprano y visualiza cómo quieres que sea tu día. Si haces muchas películas sobre ti como una persona feliz, confiada y exitosa, te volverás así. Es la ley de la mente. En lo que pienses te convertirás.

En pocas palabras, cómo te quieres sentir contigo mismo está en tus manos.

Haciendo amigos

Culpar a otras personas.
Siempre hay algo que puedes hacer para mejorar tu vida.

Si estás siendo acosado, si no tienes amigos, hay cosas que puedes hacer.

Fred dice: "No tengo amigos. Nadie me entiende."

Eso es esquivar la responsabilidad. Mientras Fred siga culpando a los demás, le esperan muchas noches de sábado en soledad.

Mary dice, "Sé que soy miserable, es culpa de mi madre." Es una receta para más miseria. Culpar a tu madre no ayudará en nada.

Cuando falles en algo, pregúntate: "¿Fui responsable de esto? ¿Cómo puedo hacer para que no vuelva a pasar?" Estas son preguntas que la gente exitosa se hace siempre. No se trata de lo que te sucede, es cómo lo ves, y cómo lo compones.

En pocas palabras, cada "desastre" en tu vida no es tanto un desastre como una situación que espera a que cambien la visión que se tiene sobre ella.

Lo que piensan los demás

Regla núm. 1: No todos estarán de acuerdo contigo.

Regla núm. 2: Está bien.

Regla núm. 3: No a todo el mundo le caerás bien.

Regla núm. 4: Eso también está bien. ¡No te vas a morir!

¿Te importa lo que los demás piensen? ¡Claro! A todos nos importa. Todos queremos que los demás piensen que somos buenos, listos, atractivos y divertidos. Pero a alguna gente no le caerás bien. ¿Qué hacer? ¡Superarlo!

Intentar demasiado

¿Por qué amamos a los bebés? ¿Será porque a los bebés no les importa si te caen bien o no? Los bebés no tratan de impresionar a nadie. Cuando eres un bebé, no tienes que ser listo o inteligente o sexy.

¡Fascinante! Sé tú mismo. NO significa que tengas que ser grosero o egoísta.

Tener miedo de la gente

¿Te ha pasado esto alguna vez? Hay un chico nuevo en la escuela, lo llamaremos Joe. En su primer día de clases lo ves en el pasillo y lo quieres saludar, pero piensas: "Lo saludaré si él me saluda primero." Pero no lo hace, así que tú tampoco, y al final del día piensas: "No es muy amigable." Al día siguiente decides, "lo saludaré sólo si él me saluda", pero Joe no habla, así que tú tampoco.

El tercer día, juegan. Pretendes no verlo. Lo evitas en el pasillo y él mira hacia el techo. Después de una semana, piensas: "Es un idiota. De todas maneras no me cae bien."

Mientras tanto, ¿en qué pensaba Joe todo ese tiempo? "Lo saludaré si él me saluda." A ti te daba miedo hablar con Joe, ¡y a él también!

Aparentemente la gente es muy segura de sí misma. Pero nadie tiene la autoconfianza que parece tener. Por dentro están muy preocupados por las mismas cosas que tal vez a ti te preocupan... "¿Soy lo suficientemente listo?" "¿De verdad estoy delgado?" "¿Mi nariz es muy grande?"

En pocas palabras, no debes temerle a la gente. La mitad del tiempo, la gente tendrá miedo de ti.

Perdonar a la gente

Digamos que un muchacho llamado Steven te acosó durante seis meses. Steven ponchaba las llantas de tu bici, robaba tus patinetas, tiraba tus libros al suelo. Hizo de tu vida un infierno.

Hablaste con tus maestros y convencieron a Steven de dejarte en paz. ¿Y ahora? Lo mejor es seguir adelante, olvidarte del asunto. Algunas personas dirán: "NI PENSARLO. Nunca me olvidaré, nunca perdonaré. Le tendré rencor a ese tipo el resto de mi vida." ¿Pero quién sufre? Steven no.

> *¿De dónde sacamos la idea de que si NOSOTROS no perdonamos, ELLOS sufren?*

¿De dónde sacamos la idea de que si NOSOTROS no perdonamos, ELLOS sufren? ¡Es una locura! Cuando te rehúsas a perdonar, a tu madre, a tus maestros, o a tu jefe, te amargas. Arruina TU vida.

La gente miserable hace una lista de resentimientos en su cabeza. Se aseguran de que nada falte y le añaden cosas todo el tiempo. La gente feliz tiene mejores cosas que hacer.

Para perdonar a alguien no tienes que estar de acuerdo con lo que hicieron. Sólo tienes que querer estar bien. Estudios del Instituto de Salud Pública de California han confirmado que la hostilidad y el resentimiento hacen trizas tu sistema inmunológico y aumentan el riesgo, al doble, de un ataque al corazón, cáncer y enfermedades de los riñones. ¡La amargura enferma!

Una cosa más sobre perdonar a las personas: es un proceso continuo. Si quieres ser feliz, debes dejar ir muchas cosas y borrar a la gente de tu lista negra.

En pocas palabras, ¿es fácil perdonar? No, generalmente. Pero no perdonas como un favor a los demás. Lo haces por ti mismo.

Drogas

Si te han acosado mucho, quizás hayas pensado que las drogas ayudarán a calmar el dolor, que a otra gente le funciona. Considera esto:

Imagina que tuvieras un amigo cuyo pasatiempo fuera golpearse en la cabeza con un martillo. ¿Te gustaría hacerlo a ti también?

¿Dirías: "Dame ese martillo para ver qué se siente"? ¡No!

¿Dirías: "Quiero probar para asegurarme de que no duele"? ¡NO! Sabes que es una estupidez sin necesidad de probarlo.

Sin probarlas, sabes que las drogas arruinarán tu vida. Quizás hayas visto drogadictos en televisión. Las conversaciones suelen ser así:

P: ¿Cuánto te gastas en esto?

R: ¡Todo lo que tengo!

P: ¿Cómo se siente?

R: He perdido mi auto, mi trabajo, a mi familia, amigos. No puedo comer, me siento enfermo todo el día, me duele el cuerpo.

P: ¿Cómo comenzaste?

R: Fumando hierba. Después probé otras cosas.

Por lo general, la historia es algo así: "Tenía un amigo, Dave, y no era ningún drogadicto. Me sentía un poco deprimido y me ofreció de esa cosa. Me dijo que me haría sentir mejor. Nunca pensé que llegaría a esto."

Nunca pensó que arruinaría su vida.

Tal vez tengas amigos que te ofrezcan toda clase de cosas dudosas, y cuando te rehúsas a probarlas ellos realmente se enojen contigo y te llamen "cobarde" y muchas otras cosas peores. Pero recuerda que todos en secreto admiramos la fuerza de voluntad de quienes tienen decisión.

Si tienes el valor de decir "NO" y mantenerte firme en la negativa, obtendrás su respeto porque tu pudiste hacer algo que ellos no pudieron. (Aunque nunca lo admitan.)

En pocas palabras, cada drogadicto piensa que puede controlarlo. Todos pensaron algo como: "Lo probaré una vez para ver qué tal." Es como golpearte con un martillo o como ponerte frente a un tren. No tienes que probarlo para saber cómo se siente.

ANDREW MATTHEWS

¡No mi hijo!

8

"¿Y qué si mi hijo es un bully?"

Los padres de los bullies suelen negar lo que pasa. Quizás piensan que no es su problema. Pero a largo plazo, el bully también se vuelve un problema para sí mismo.

En Estados Unidos, los niños normales de ocho años tienen posibilidades de uno entre veinte de tener historial delictivo a los treinta. Para los bullies de ocho años, las posibilidades son de una entre cuatro.[7]

Los bullies que afinan sus habilidades desde niños suelen volverse novios abusivos, jefes abusivos y padres abusivos.

Brisbane Radio 97.3 FM

En Brisbane, Australia, la estación de radio 97.3 FM hace una campaña anual para reducir el bullying. Al respecto, dice el locutor Robert Bailey: "Nuestra campaña dura una semana y tiene todo el apoyo de los departamentos de educación nacional y de Queensland. Es una ocasión especial en los calendarios de todas las escuelas y cada una tiene sus programas al día." Y continúa:

"En 2011, el día de: *Dile No al Bullying* fue reconocido como una campaña nacional por la Comisión de Derechos Humanos. La idea es que los niños, padres y maestros trabajen juntos para reconocer el bullying y hacer algo al respecto. Cada año hay un tema distinto. En 2010, se trató de los observadores y la parte tan importante que desempeñan en el bullying."

La historia de Matt

Durante la Semana de Concientización sobre el Bullying en 2011, Matt, un padre furioso, llamó a Robin y a su coanfitrión, Terry Hansen, para contar su historia. Matt recordó: "Cuando era niño me molestaban tanto, al grado de que dejé de usar mis lentes. Ahora ha afectado mi visión y sólo puedo conducir durante el día."

---

[7] S. Davis y J. Davis, *Schools where everyone belongs*, Research Press, 2007, p. 24.

Después explicó que unas semanas antes, oficiales de la escuela le dijeron que sus hijos molestaban a otro chico. Los hijos de Matt negaron la acusación repetidamente. Matt estaba tan perturbado por las noticias que comenzó a buscar la verdad.

"Ayer por la tarde, de camino a casa, doy vuelta en una esquina a tres calles de casa y veo a mi hijo de diecisiete y a mi hija de quince tundiendo a golpes a otro chico", contó. "Me detuve. Los tomé, los eché en el asiento trasero del carro, tomé al niño al que estaban golpeando y lo llevé a su casa, y llevé a mis hijos a la estación de policía. A ambos les han imputado cargos por asalto."

Matt explicó que sus hijos estaban acosando a un niño de trece años porque usaba lentes. Los padres del chico lo llamaron esa misma tarde para decirle que su mandíbula estaba rota gracias a la golpiza. Matt admitió que sus hijos no le hablaban desde el incidente. Dijo que él y su esposa estarían del lado de los padres de aquel chico si decidían levantar cargos.

> **" ¿Cómo puede un padre entregar a sus propios hijos a la policía? "**

Matt explicó que, como castigo, le había quitado el auto a su hijo y un caballo a su hija, y serían vendidos inmediatamente. Algunos días después, Robin y Terry se pusieron en contacto con Matt. Éste les contó que sus hijos se sentían culpables por lo que habían hecho. Entendían lo que habían hecho y querían que el dinero de las ventas del auto y el caballo fuera para pagar los daños a aquel chico.

"Debo admitir que fue algo difícil llevar a mis hijos a la policía. Si lo tuviera que hacer de nuevo, no sé si lo lograría." Pero sabía que había hecho lo correcto. La respuesta de los radioescuchas fue abrumadora. Matt se convirtió en un héroe para muchos, y un villano para otros.

Muchos padres al escuchar esta historia tal vez dirían: "¿Mi hijo un bully? No, mi hijo nunca sería un bully." Y al saber lo que Matt hizo con sus hijos quizás saltarían:

"¿Cómo puede un padre entregar a sus propios hijos a la policía?" ¿Hizo Matt lo correcto?

- Se tomó la molestia de averiguar la verdad.
- Admitió que sus hijos eran bullies.
- Les hizo ver a sus hijos que su comportamiento estaba mal.
- Se aseguró de que hubiera consecuencias.
- Ofreció apoyo al chico acosado y a sus padres.

La historia de Katie

En el 2003, Katie Jarvis escribió un artículo sobre el bullying para un periódico del Reino Unido.

¡Debe de haber un error!

Todo surgió de la nada. Un día recibí una llamada de otro padre diciéndome "¡Este comportamiento debe de parar!" Me tomó por sorpresa. ¿Qué comportamiento? ¿Mi hijo? Seguro hay un error.

Después de todo, tenía un chico brillante en una familia feliz y parecía tener muchos amigos. Estaba escéptica de que mi hijo de nueve años pudiera estar haciendo algo malo.

Había insultos, intimidación y lanzamiento de piedras; el usual comportamiento inaceptable. Resultó que era mi hijo quien era el acosador.

Es confortante creer que los bullies le pertenecen a alguien más; que son niños necesitados que vienen de familias disfuncionales.

La verdad es que no puedes dividir el mundo entre agresores y víctimas. Muchos niños tienen el potencial para ser el matón de la escuela, incluso mi querido hijo. Para un padre, ése puede ser un descubrimiento devastador.

"Cuéntame al respecto"

Comencé a preguntarle, suavemente:

"¿Quieres hablar conmigo sobre algo? ¿Cómo estuvo la escuela?"

"Bien."

Así que pasé a preguntarle sobre cosas específicas. "¿Es verdad que hoy le lanzaste una piedra a alguien?" Debo admitir que me sentí irracionalmente confortada cuando me contestó: "Sí, pero él la lanzó primero." Fue hasta que la escuela se involucró y me dijo que era él quien causaba los problemas, cuando me afectó.

¿Cómo podía lidiar con esa situación? Después de todo, no podía estar en la escuela cuando los incidentes sucedían y no importaba qué tanto hablara con él —qué tanto razonara con él y a veces hasta que le rogara— pues no parecía ver las cosas bajo la misma luz.

Viéndolo desde una perspectiva adulta, puedo ver ahora que sus incentivos fueron pocos. Si eres la víctima de un acoso, quieres trabajar para alterar la situación. Quieres que todo cambie desesperadamente. Si tú eres el acosador, por el

> **En un esfuerzo supremo de autocontrol, mi esposo y yo nunca le gritamos o lo culpamos.**

otro lado, tienes el poder y el control, y para un niño de nueve años, eso se siente muy bien. Más específicamente, la víctima lloraba todas las mañanas y rogaba por no ir a la escuela, mientras que mi hijo se iba bastante contento...

Todo el episodio duró alrededor de cuatro largos meses y, al final, fue la paciencia y la comprensión las que dieron resultado. En un esfuerzo supremo de autocontrol, mi esposo y yo nunca le gritamos o lo culpamos. Simplemente intentamos que viera el efecto que tenía su comportamiento.

Lo que aprendí

De nosotros dos —mi hijo y yo— creo que fui la más afectada. Durante todo ese ciclo escolar, entré a hurtadillas a la escuela, convencida de que los demás padres me odiaban, que pensaban que nuestra casa guardaba terribles secretos, de que era una pésima madre, que mi esposo golpeaba a nuestro hijo. Ahora estoy segura de que no pensaban nada así, pero la paranoia llega rápido bajo esas circunstancias.

Sé que he aprendido de la experiencia. La lección más importante es admitir y aceptar la responsabilidad. Mis hijos son adorados, pero no son perfectos.

> **Mucha gente está dispuesta a decir que sus hijos sufren de acoso, ¿pero dónde están los perpetradores?**

Mucha gente está dispuesta a decir que sus hijos sufren de acoso, ¿pero dónde están los perpetradores? El otro día escuchaba a unos amigos hablar sobre lo mal que la pasaba su hijo porque lo molestaban en la escuela. "De hecho", alguien me dijo después, "es su hijo quien molesta a los demás, pero diles eso."

Puedo entender su renuencia a creerlo. Pero aceptémoslo: no son sólo las víctimas quienes tienen que hablar sobre eso. La única manera de detener todo esto es que los culpables, y sus padres, levanten también las manos.

Al hablar de su experiencia, Katie esperaba que otros padres se animarían a la discusión.

Esperaba que al hablar, convencería a más personas de dar un paso adelante y decir: "¡Escuchen! mi hijo es acusado de ser un abusador. En lugar de negarlo, quiero ser parte de la solución. Pero no quiero que me etiqueten o juzguen. Quiero que todos estemos del mismo lado, trabajando hacia una solución para todos."

Pero no funcionó. Fui criticada en un blog sobre educación que no me entendió en lo absoluto. Recibí muchas cartas de padres cuyos niños eran acosados. Pero ninguno se unió a mi admisión de "culpa."

Mi hijo era un niño normal que había caído, durante un periodo de tiempo, en mal comportamiento. Estaba tratando de decir que mi historia era más cotidiana, tristemente, que sorprendente.

Mi hijo ahora tiene dieciocho años y es un buen hombre a punto de entrar a una buena universidad. Tiene una novia maravillosa, un círculo muy cercano de amigos y está apasionado por el cuidado animal. También puede ser raro, bocón y a veces desconsiderado. También yo. En otras palabras, es un ser humano normal. Lo amo como es.

La suya, hasta ahora, ha sido una historia de éxito. Tristemente, no puedo decir lo mismo sobre el bullying. Hasta que logremos que las personas se abran al respecto no lo resolveremos.

Tomar acción

¿Cuántos padres de bullies admiten que sus hijos torturan a otros niños? ¡No muchos! ¿Cuántos padres toman acción? No los suficientes.

No todos los bullies vienen de familias pobres. Algunas personas exitosas se imaginan que por ser cirujanos o abogados sus hijos no son bullies. Un ejecutivo exclamó "¡Pago suficiente dinero en la escuela. Ahí deberían resolver el problema!"

El bullying sucede en las escuelas porque es en donde los niños pasan la mayor parte de su tiempo, pero ninguna escuela puede arreglar lo que los padres no quieren que se arregle.

Una madre cuyo hijo estaba abusando de un niño de una casa vecina explicó francamente a Julie: "Mi hijo de seis años, Tom, fue llamado por el director por golpear a Allan. Él y otros niños lo golpearon en el estómago. Al parecer mi hijo Tom era el líder, los vecinos no dejan de hacer rumores. Es todo muy embarazoso."

Julie le preguntó: "¿Cómo enfrentaste el problema?" La madre contestó: "Afortunadamente no tuve que hacer nada, los padres de Allan se mudaron a otra localidad."

¡Increíble! Resuelves el problema de un hijo acosador esperando a que tus vecinos se cambien de casa, y pretendes que ya se acabó el problema.

Lo que es interesante de esto es que aun cuando los padres hablen de los niños bullies de sus vecinos, lo hacen como si hablaran en secreto, como si fuera un crimen discutirlo.

La gente murmura sobre el cáncer pero no es ninguna vergüenza tener cáncer, y no lo curas haciendo como que no lo tienes. Es lo mismo con un bully en la familia. Debe admitirse el caso y lidiar con el.

Los niños experimentan. Ensayan diferentes papeles. Calculan quiénes son y qué comportamiento es aceptable o popular. Un niño de nueve años puede tratar de ser un ratón de biblioteca, el payaso de la clase o un bully. Esto no significa que sea malo, ni que sus padres han fallado.

En pocas palabras, no tiene nada de malo tener a un hijo bully. Lo malo es ignorarlo.

"Yo era el bully de mi escuela"

No sé cómo explicar todo esto. Ni siquiera me di cuenta de qué tan malo era hasta que cumplí veintidós años. Un día, un compañero de trabajo me dijo que su hija había ido a la misma escuela que yo. Me temía y dijo que yo era el bully de la escuela. Nunca en realidad admití que lo que hacía era bullying, sólo era diversión hasta donde yo sabía. Quería que me tragara la tierra cuando mi compañero habló conmigo.

> *" me gustaba el poder que me daba el bullying ".*

No es que mi infancia haya sido tan terrible. Sí, mis padres siempre estaban peleando y mi hermano siempre me molestaba. Pero supongo que muchos chicos tienen historias parecidas. A mí me gustaba el poder que me daba el bullying. ¡Nadie se metía conmigo!

Creo que comencé con el bullying cuando algún niño me molestó y otro niño me enseñó cómo hacer uso de mis puños. Así fue mi comienzo. Nunca fui miembro de una pandilla y sólo elegía a alguien, niños y niñas sin distinción. Camino a casa los provocaba y me peleaba con ellos, no sólo les jalaba el cabello y los arañaba, sino que peleaba con ellos en serio. Una vez hasta golpee a una chica. Nunca nadie me golpeó; tal vez me hubiera detenido si alguien hubiera sido capaz de golpearme.

Siempre tuve una buena excusa. Cosas como "son unos esnobs" o "ellos me lo harían a mí", pero sé que son excusas patéticas. Solía sentir emoción cuando me iba contra alguien. Sentía satisfacción al saber que golpeaba y hería a los demás. Por dentro estaba asustado. Pensaba que a nadie le caía bien. Pensaba que era feo. Tenía una gran nariz y los chicos solían burlarse de mí. Me sentía muy inseguro de mí mismo, pero, de nuevo, mucha gente se siente así y no andan acosando a los demás.

Escribo esto con la esperanza de que algún joven bully lo lea y cambie su manera de ser antes de que sea demasiado tarde. Ahora me siento muy mal por lo que hice, pero me pregunto si alguna de mis víctimas lo sabrá algún día.

Tomado con permiso de Kidscape: http://www.kidscape.org.uk

"¡Él me golpeó con su nariz!"

"Dame los hechos"

"Los jóvenes aprenden mejor cuando se enfocan en cómo se sienten respecto a sus acciones en vez de cómo se sienten los adultos."
Stan Davis

Los bullies tienen una manera de evitar la verdad. "Su estómago golpeó mi pie", "yo iba caminando cuando cayó sobre mi puño", "él comenzó"…

Ya sea que seas un padre o un maestro, tu trabajo es hacer que los bullies se vuelvan responsables: nada de culpa, nada de excusas, sólo la verdad. Así que:

- "La empujé porque hizo una cara estúpida" sólo significa "la empujé."
- "Él comenzó" significa "lo pateé en la cabeza."

¿Qué más le podrías decir a un bully?

- Dime exactamente qué sucedió.
- No me importa quién comenzó, dime qué hiciste.
- No tenías que golpearlo. Escogiste hacerlo.
- ¿Cómo crees que se siente?
- ¿Cómo puedes reparar la situación?

Una vez que el niño ha aceptado su culpa, puedes ayudarlo a explorar sus razones:

- ¿Qué buscabas al hacerlo? ¿Diversión? ¿Atención?
- ¿Qué otra opción tenías?
- ¿Hay algo que te preocupe?
- ¿Por qué lo haces? ¿Hay algo que te ayudaría a detenerte?

No puedes hacer que los bullies cambien, pero sí puedes volver los castigos predecibles.

9

No hay observadores inocentes

Los chicos aprenden a aceptar el bullying

"Cuando todos se paran y miran, sientes que te lo mereces."

En 2006, Stan Davis y sus colegas llevaron a cabo una encuesta de más de 1 400 niños de entre preescolar y tercero de prepa. Se les pidió llenar lo siguiente:

Cuando veo a alguien siendo molestado o golpeado, pienso:
a) SE LO MERECEN
b) NO SE LO MERECEN

Como podrás ver en la gráfica, noventa y tres por ciento de los niños de preescolar simpatizaron con el niño molestado. A los dieciséis o diecisiete, sólo sesenta y cinco por ciento sentía lo mismo.[8]

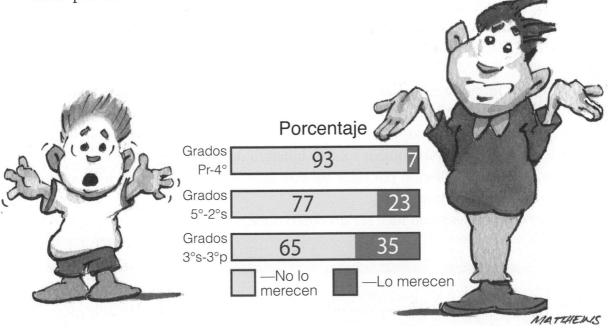

Porcentaje

Grados Pr-4°	93	7
Grados 5°-2°s	77	23
Grados 3°s-3°p	65	35

☐ —No lo merecen   ■ —Lo merecen

MATTHEWS

---

[8] S. Davis y J. Davis, *Empowering bystanders in bullying prevention*, Research Press, 2007, pp. 1-2.

En pocas palabras, conforme crecen, los chicos tienden a creer que los chicos acosados lo merecen. Si los adultos y compañeros no toman acción, los chicos aprenderán que el bullying está bien.

¿Tú qué harías?

Como adultos es fácil decir: "Que los niños que presencian el bullying hagan algo", pero debemos señalar que esto lo estamos viendo desde nuestra perspectiva de adultos. Como tal:

- Tienes algo de experiencia en resolución de conflictos.
- No te importa agradarle a algún chico de diez años.
- No perderás ningún amigo por tomar una postura.
- No te da miedo de que aquel chico de diez años te dé una golpiza al día siguiente.

Imagínate que estás sentado en un tren por la noche. De repente, en el otro extremo del vagón, cuatro tipos gigantescos aparecen por la puerta. Estos tipos tienen muchos aretes y tatuajes. Traen consigo del cabello a un quinto hombre, otro lo tiene del brazo. Parece que se conocen.

Los bullies toman sus botas y las lanzan por la ventana. Uno toma su mochila. Otro dice, "estúpido de m..., te enseñaremos una lección." Sin duda puedes oler el miedo.

Ninguna llamada a la policía va a salvar a este tipo ahora, alguien tiene que hacer algo ya. ¿Qué harías?:

- ¿Correrías a ayudarlo?
- Te dirías: "Lo merece, quizás robó la billetera de alguno de ellos."
- Te sentirías agradecido por estar del otro lado del vagón y respirarías aliviado cuando se bajaran.

En estos casos no es nada fácil ser un observador.

¿Por qué solía ser un bully?

Angus Watson pasó sus días de escuela atormentando a los más débiles. Explica por qué lo hizo y cómo se detuvo.

De los nueve a los once años fui un bully. Cualquiera que se viera distinto, sonara chistoso, oliera raro o actuara diferente al resto de nosotros era buen candidato para ataques emocionales y físicos. Si no era el bully principal, definitivamente era uno de los sobresalientes.

Mis tácticas iban desde las psicológicas —recordarle a alguien constantemente que era gordo, apestoso, extranjero, gay, o todas esas cosas— a las físicas, como lastimarlos con el compás, torcerles el brazo o empujarlos.

Había un chico, Edmund Jones, que tenía orejas gigantescas, piel amarillenta, olía a orina y su padre era el amanerado profesor de francés. Desafortunadamente, por todo esto, le tocó a él. Un día, Bill Davis, mi impresionante amigo un año adelante que yo, llegó al salón.

"¿Qué hacen?", preguntó.

"Queremos hacer llorar a Jones", le dije.

"Esa no es la manera de hacerlo llorar", dijo. Tomó el pesado maletín de Jones. Corrió por todo el salón y se detuvo justo ante Jones y le dejó ir el maletín. Le dio justo en la frente.

"Así se hace", dijo Davis mientras Jones salía corriendo, llorando, del salón.

Estaba asombrado por el atrevimiento y la creatividad de Davis. Desde ese día, subí mi propio nivel de atrevimiento para molestar a los demás.

El bullying dio un giro más imaginativo y cruel. Rompía los costosos lápices de los otros, me burlaba de los peinados de las mamás de los compañeros, les lanzaba excremento a ellos y otras cosas por el estilo. Todo eso era horrible y ciertamente no para recordar con orgullo.

¿Y por qué lo hacía? Además del hecho de que era simplemente malo, era parte de la cultura de mi infancia. Mi hermano mayor me azotaba con alegre regularidad, así como lo hacían mis capitanes en el internado.

Mis amigos y yo solíamos picarnos los unos a los otros, y a nosotros mismos, con compases. Echábamos desodorante en *spray* hasta que nuestra piel sacaba ampollas. Paré cuando tenía doce años, me parece, porque conocí a las chicas. Mis padres compraron una casa de descanso en la Isla de Wight con otra familia que tenía gemelas de mi edad. Mis intentos de impresionarlas lastimando a gente más pequeña eran patéticos y me lo hicieron saber. Así que deje de ser un bully. O quizás sólo maduré.

¿Siento remordimientos? En realidad no. O quizás un poco. Suena a cliché, pero la gente a la que molesté se volvió más fuerte, determinada en la vida. También, era una persona muy distinta en aquel entonces.

¿Qué hizo que Angus Watson se detuviera de repente?
- ¿Sus padres lo golpearon?
- ¿Lo suspendieron de la escuela?
- ¿Encontró a Dios?

No. Encontró a unas gemelas que le dijeron que golpear a los más pequeños era patético. He aquí el problema con el bullying:
- La mayoría de los bullies son felices con su comportamiento. Tienen poder, atención y son populares dentro de un grupo.
- La mayoría de las víctimas del bullying creen que se lo merecen.
- La mayoría del bullying pasa inadvertido por padres y maestros.

ANDREW MATTHEWS

La historia de Angus Watson ilustra perfectamente quien detenta el mayor poder en el acoso. No es el bully, no es la víctima. Son los observadores.

El alimento de los bullies es el poder y la popularidad. Los bullies valoran la atención mucho más que la amabilidad.

Recordemos que en la película *Seventeen Again*, Mike confronta a Stan, el bully, en la cafetería de la escuela. "*Stan es un bully. ¿Por qué? Sería demasiado fácil decir que Stan acecha a los débiles porque es un idiota. Pero no... no... Stan es mucho más complejo que eso. Verán, de acuerdo con los psiquiatras del mundo, Stan es un bully por una de las siguientes razones...*

> 66 *Los bullies valoran la atención mucho más que la amabilidad.* 99

Uno: debajo de toda esa fachada de macho está escondida una pequeña niña esperando a ser rescatada del clóset.

Dos: como el de un cavernícola, el cerebro de Stan no está bien desarrollado. De esa manera, Stan es incapaz de controlarse, por eso actúa agresivamente.

Tres: Stan tiene la pinga muy pequeña."

En cuestión de un minuto, Stan ha perdido a todo su club de fans. Los problemas se resuelven más fácil en las películas de Disney, pero la escena subraya lo que funciona en la vida real.

El bullying es como un asunto político. Los bullies quieren popularidad. Necesitan que los apoyen. Cuando sus partidarios u observadores les retiran su voto, todo termina para el bully.

¿Por qué culpar a la víctima?

Cuando preguntas en un salón: "¿A quién molestan y por qué es así?", te responderán cosas como:

- A Jim lo molestan porque es gordo.
- Se burlan de Mary porque es muy lenta.
- A Tim lo molestan porque usa ropa muy rara y habla como maricón.
- A Jane la molestan porque es muy bonita.

Los observadores no dicen: "A Tim lo molestan porque los bullies escogen a quien molestar, y si él no estuviera escogerían a alguien más."

No dicen: "A Tim lo molestan porque son unos intolerantes." Son rápidos en decidir que EL NIÑO ACOSADO DEBE CAMBIAR SU COMPORTAMIENTO.

Los observadores rara vez dicen: "Los bullies toman esa decisión. No es culpa de Tim."

El bullying no es tan diferente al racismo

Si una persona es violentada por ser negra, reconocemos que está mal. No le decimos a la persona: "Seguro estás haciendo algo para buscarte problemas. ¡Haz como si no te importara! ¡O deja de ser negro!"

No esperamos que esa persona cambie. Hacemos responsable al racista. En estos días tenemos claro que una mujer debe trabajar en un lugar donde no se abuse de ella; pero si está siendo acosada no le diremos algo como "tú sólo aparenta que no te importa." Jamás. No esperamos que la mujer cambie, el agresor debe hacerse responsable. ¿Y con el bullying? No hemos llegado tan lejos. Sabemos que es inaceptable, pero luego le decimos a la víctima: "Compórtate distinto, haz como si no te importara. No cargues tanto dinero."

Incluso nosotros, en este libro, les ofrecemos consejos a las víctimas del bullying, aunque ellos no deberían de cambiar.

En pocas palabras. ¿Cuándo mejorarán las cosas? Cuando los observadores se vuelvan partícipes.

Cuando los observadores no hacen nada
"Si nadie hace nada, comienzas a creer que lo que los bullies te dicen es verdad."

Los observadores ofrecen rápidamente sus consejos. "Jim debería enfrentar a los bullies." Aquí un mensaje para ellos: ¿CÓMO ESPERAS QUE UN NIÑO INTIMIDADO Y ASILADO ENFRENTE A ALGUIEN CUANDO TÚ NO LO AYUDAS?

"Podrás ser sólo una persona en el mundo,
pero para alguna persona
tú podrías ser el mundo entero."
Mark Twain

Excusas

Hay varias razones por las cuales un niño se quedará quieto al mirar que uno de sus compañeros es abusado. Éstas incluyen:

- Se lo merece, si no fuera tan raro lo dejarían en paz.
- No es mi asunto. Cuando los vecinos se lanzan insultos y platos, puedes decidir que no es tu pelea. De la misma manera, cuando tu hija ve que están molestando a alguien, puede decidir que no es su problema.
- "¿Quieres que acuse a otros niños? ¿Estás loco?"

- "Es un llorón, así se endurecerá." Los niños creen que un chico muy emocional se beneficiará del trato duro.
- "El bully es mi amigo." Para algunos niños es distinto hacer amigos y mantenerlos. Imagínate que tu hijo de doce años ha estado muy solo y sin amigos. Por fin tiene uno, Barry, un niño que solía acosarlo. En la escuela, tu hijo se da cuenta de que Barry acosa a otros niños. ¿Crees que lo acusará y arriesgará a su único amigo?

- "Podría perder a todos mis amigos." Los bullies reinan por popularidad o por miedo.
- "Si no es mi problema, no me meto." Los niños escuchan a sus padres decir esto siempre.
- "No sé qué hacer."

¿Eres un observador o un partícipe?

En 2007, un estudiante llegó a su primer día de tercero de secundaria en una escuela de Nueva Escocia utilizando una playera color rosa. El chico fue amenazado físicamente, mofado y llamado "maricón."

Cuando los estudiantes de tercero de prepa Travis Price y David Shepherd escucharon del bullying, decidieron tomar una postura. Visitaron una tienda de descuentos y compraron todas las playeras rosadas que tenían. Lanzaron una campaña por *e-mail* y redes sociales diciéndoles a todos que vistieran de rosa al día siguiente.

Price dice: "Aprendí que dos personas pueden tener una idea y hacer maravillas. Finalmente, alguien defendió a ese pobre chico. De los bullies nadie escuchó nada nunca más."

La idea de usar playeras rosas como un medio en contra del bullying se extendió alrededor de 60 escuelas en Nueva Escocia y después a Canadá.

En pocas palabras, puedes luchar contra el bullying sin luchar contra el bully.

¿Qué puedes hacer como observador?

"Cada vez que los observadores actúan efectivamente para detener el abuso, comprueban su potencial para lograr detener el abuso, comprueban su potencial para lograr un efecto positivo en ese problema."
Stan Davis

Cuando ves a otras personas siendo acosadas y no haces nada, envías un mensaje al bully de que estás de acuerdo con lo que está haciendo. Así que, ¿qué puedes hacer? Dile al bully que se detenga. Puedes decir algo como: "Déjala, por favor." "No tienes derecho a molestarlo."

Dile a la víctima que deje el lugar contigo. Lo peor de ser acosado es sentirse solo. Puedes ofrecerle apoyo a un niño acosado ofreciéndole tu compañía.

Sé su amigo. Una cara amistosa o una palmada en la espalda puede significar el mundo entero para un chico que se siente poca cosa y asustado.

Platica con él. Muestra que te importa.

Lleva al chico con un maestro. Por razones que todos comprendemos, los chicos acosados no les dicen nada a los maestros, pero si le ofreces acompañarlo y decirle al maestro lo que viste, le darás confianza.

Anímalo a decirle a los demás.

"Todo el mundo lo hace"

Un problema típico: a James lo golpean en la escuela y se burlan de él. A él le gustaría pedirle ayuda a sus maestros, pero piensa que está mal quejarse, acusar a los demás. De hecho, no todos piensan lo mismo: setenta y cinco por ciento de los estudiantes en el salón de James piensa que un chico acosado debería decirles a sus maestros.

Lo que los chicos piensan en verdad

Hay una técnica para ayudar a James y a la mayoría silenciosa, se llama "normas sociales." Más o menos funciona así:

1. Encuestas a un grupo de estudiantes que piensan que no es bueno decirle a sus maestros porque a nadie le gusta un chismoso.
2. Les haces la pregunta: "¿Si te están molestando, crees que está bien decirle a un maestro?"
3. Los resultados revelarán que a la mayoría de estudiantes le parece que un chico acosado le debería decir a su maestro. Después revelas los resultados.
4. Haces publicidad por toda la escuela con los resultados.
5. A sabiendas de que cuentan con el apoyo de sus compañeros, los chicos acosados cambiarán su actitud.

Ésta ha sido una estrategia exitosa para combatir las rachas alcohólicas en universidades de Estados Unidos. Cuando los estudiantes descubren que más de la mitad de los alumnos piensa que esas rachas son estúpidas, alrededor del diez por ciento cambia su comportamiento. Lo mismo pasa con el bullying.

Elige cuidadosamente a tus amigos

¿Alguna vez te ha pasado que corres a un baño porque ya no aguantas, pero huele tan mal que casi te ahogas? Lo malo es que estabas tan desesperado que no tenías opción.

¿Notaste que cuando saliste, cinco minutos más tarde, ya no olía tan mal? ¿Y si te hubieras quedado ahí encerrado durante más de una hora? Me preguntarías: "¿Qué olor?"

NOS ACOSTUMBRAMOS AL AMBIENTE EN EL QUE NOS ENCONTRAMOS. Si no fumas y nadie a tu alrededor fuma, ni siquiera piensas en hacerlo. Pero si todos tus amigos lo hacen, y si vas a lugares en donde mucha gente lo hace, te acostumbrarás a ello. ¡Más tarde que temprano estarás fumando también!

Júntate con gente miserable y pronto te sentirás miserable, ¡y pensarás que es normal!

Si te juntas con un grupo de chicos que se burla de otros niños, al principio te preocuparás, pero cuando pase el tiempo seguro comenzarás a acosar a esos chicos tú también.

Aquí están las buenas noticias: si te juntas con amigos felices y motivados, entonces tú estarás feliz y motivado. No creas que no te afectan tus amistades.

Si tu familia o amigos son negativos y miserables, entonces deberás buscarte amigos positivos y felices. Debes tener compañías positivas.

En pocas palabras, cada día nos vemos afectados e infectados por la gente y algunas actitudes a nuestro alrededor. A veces debemos tomar acción mientras aún podemos decir "¿Qué huele tan raro?"

"Lo mejor que jamás he hecho"

Conocimos a Sarthak Shukla en el restaurante de un hotel. Sarthak nos dijo cómo, siendo niño en India, él y sus amigos molestaban a un compañero. "Era lo de siempre, lo golpeábamos y lo insultábamos." Explicó:

"Ahora que estoy en mis veintes mi comportamiento acosador me persigue todavía. Así que en mi último viaje a la India viajé ochocientas millas y encontré a este chico, claro, ahora es un hombre. Resulta que llegué la víspera de su boda. Fue una reunión llena de lágrimas. Me disculpé por hacer de su vida una miseria. Sé que mi visita significó mucho para él. ¿Y para mí? Es lo mejor que jamás he hecho."

La soledad entre los adolescentes

10

Los niños no nacen siendo bullies, lo aprenden.

¡Eres negra!

Una autora afroamericana fue entrevistada en la TV para hablar sobre su infancia. "Cuando tenía seis años, mi mejor amiga Amy, era una niña blanca. En nuestro camino a casa, un día, nos detuvimos en su casa."

—¿Puedo pasar a jugar? —le pregunté.

—Mami dice que no puedes —me dijo Amy.

—Por qué no —le pregunté.

—Mami dice que no puedes porque eres negra —Amy me respondió.

No es algo tan inusual, pero lo que me parece fascinante es lo siguiente. "En ese momento me di cuenta de que era negra. Nunca antes me había percatado de ello."

Los niños están dispuestos a aceptar a las personas como son. ¡No se nace racista! Se aprende. Del mismo modo, los niños no nacen bullies, aprenden a serlo.

En pocas palabras, si el bullying se aprende, se puede *des-aprender*.

Creciendo en soledad

El mes pasado vimos a un grupo de niños en una fiesta de cumpleaños en un restaurante italiano. Cada niño jugaba con su videojuego, excepto uno... y él jugaba en su teléfono. ¿Qué tipo de fiesta es esa?

En los últimos cincuenta años muchas cosas se han acelerado, mejorado y vuelto más prácticas. Pero algunas de estas cosas no están ayudando a nuestros niños a ser más confiados, considerados o felices.

Hasta la mitad de la primera década del siglo pasado, muchos niños vivieron en casas llenas de gente. Muchos hogares tenían:

- Entre tres y diez niños.
- Hasta cinco niños en una sola habitación.
- Dos padres.
- Abuelos.

Y muy a menudo:
- La familia comía junta.
- La familia hacía música, jugaba. En 1960 se sentaba alrededor de la televisión o el radio.
- Los niños estaban rodeados de otras personas.

Compara eso con la familia típica de hoy:

- Alrededor de 1.3 niños.
- Cada uno tiene una habitación, computadora, televisión y, a menudo, su propio baño.
- Un cuarto de los hogares sólo tienen a un padre.
- Los padres trabajan turnos más largos.
- Todos comen a distintas horas.
- Los abuelos ya no viven ahí.

En dos generaciones todo cambió. ¿Qué tiene que ver esto con el bullying?

Cuando tu casa está llena de hermanos, abuelos, etcétera, no puedes evitar discutir, jugar, y pelear con todos. Así es como refinas tus habilidades sociales, así es como los niños aprenden que no son el centro del universo.

Aquí descansa parte de la respuesta a lo siguiente: "¿A qué se debe esta explosión de bullying?"

Videojuegos y películas

En una escena del videojuego *Modern Warfare 2*, los jugadores caminan tranquilamente a un aeropuerto, asesinando metódicamente a gente inocente con armas automáticas. El asesino en masa noruego Anders Breivik escribió en uno de sus blogs: "Veo a *Modern Warfare 2* como parte de mi entrenamiento." El 22 de julio de 2011, Breivik abordó un bote con destino a la pequeña isla de Utoya, el lugar de encuentro del Partido Laborista. Ahí asesinó fríamente a 69 jóvenes que participaban en un campamento del partido.

Esto es lo que sabemos:

- Un asesino en masa recomienda videojuegos violentos como una herramienta ideal para desarrollar las habilidades necesarias para provocar una tragedia de ese tamaño.
- Recientemente, ciento doce académicos y profesionistas de todo el mundo firmaron una declaración afirmando el lazo entre videojuegos violentos y comportamiento violento en individuos normales.

> " *Su personalidad cambia. Lo quito de la computadora unos segundos y vuelve a la normalidad.* "

• La Academia Americana de Pediatría reporta que "más de mil estudios científicos y reseñas concluyen que una exposición significativa a violencia en los medios incrementa el riesgo de comportamientos agresivos en algunos niños."

Esto es lo que nuestro amigo Doug descubrió sin la ayuda de mil reportes científicos. Nos dice: "Entre más juega mi hijo Pat videojuegos, menos quiere ayudar en la casa. Su personalidad cambia. Lo quito de la computadora unos segundos y vuelve a la normalidad."

¿Sin daños?

Algunos padres dicen: "Yo dejo jugar a mis hijos muchos videojuegos violentos, no hay prueba de que hagan daño." Imaginemos por un momento que no lo hay. Aquí está la verdadera pregunta para cualquier padre: se educan niños felices, centrados, preguntándose, ¿qué NO LES HARÁ DAÑO? ¿O se logra preguntándose: ¿qué los ayudará A FLORECER?" Son dos preguntas completamente distintas.

Supongamos que tu hijo Charlie se entretiene con videojuegos violentos durante 20 horas a la semana. ¿No sería mejor si de esas horas invirtiera cinco con sus amigos, cinco tocando una guitarra o jugando futbol, cinco cenando con su familia y sólo cinco horas eliminando individuos virtuales?

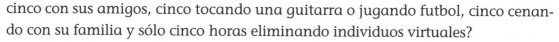

En pocas palabras, se educan niños felices, centrados, preguntándose: ¿Qué los ayudará a PERSEVERAR?

¿Qué harías?

Tres sencillos pasos pueden ayudar a tus hijos:

• Averigua de qué trata el juego antes de que se los compres.
• Juega con ellos, así, al menos, pasarás tiempo con ellos y sabrás qué están jugando.
• Establece horarios, y que se respeten.

11

Educando niños pequeños

NO es culpa de tu hijo

En su libro *La epidemia*, el psiquiatra Director del Instituto de la Familia de Berkley, el doctor Robert Shaw, habla sobre criar niños pequeños:

Demasiados niños hoy en día son poco amistosos, distantes, preocupados e incluso desagradables. Se quejan, hacen berrinche y demandan la atención constante de sus padres.

Culpables y ansiosos, los padres, en cambio, calman a sus hijos con golosinas dañinas, ropas de moda, juguetes y medios...

Un grupo de nuevos "diagnósticos clínicos" se ha inventado para explicar por qué los niños parecen estar completamente mimados, inhabilitados y antisociales, y un increíble número de niños han sido diagnosticados con trastorno de hiperactividad y déficit de atención, y han sido bombardeados con drogas psicoactivas.

... solíamos tener más clara la importancia de cuidar de los hijos, pero de alguna manera hemos olvidado lo que los niños en realidad necesitan para crecer como adultos felices y responsables. Hemos perdido nuestro sentido de lo que importa en las vidas de los niños; y cuando lo conocemos, no hemos pasado suficiente tiempo y energía para hacerlo realidad...

... nuestros niños pasan mucho de su tiempo persiguiendo el entretenimiento y no sus propios logros: la TV, los videojuegos, el vagabundeo web, hackeo de computadoras, el abuso de sustancias y el sexo promiscuo...[9]

El mensaje de Shaw para los padres es:
- Actúen como adultos.
- Denles a sus hijos tareas y responsabilidades.
- Limiten su tiempo de televsión y videojuegos.
- Limiten su privacidad.
- Enséñenles sobre el bien y el mal.
- No les compren todo lo que quieren.

---

[9] R. Shaw, *The epidemic*, Harper Collins, 2003 (con permiso del editor).

• Traten de darles amor y disciplina antes de darles medicinas.

Shaw tiene otro consejo: "... al menos uno de los padres debe de volver la crianza de sus hijos la prioridad número uno. De lo contrario, sufrirán las consecuencias durante el resto de sus vidas.

"Stephen ya comió suficiente, ¿no es así, Stephen?"

Los niños imitan

"Lo que haces habla tan fuerte que
me cuesta trabajo escuchar lo que estás diciendo."
Ralph Waldo Emerson

¿Alguna vez has visto a un niño de dos años parado con las manos en la cintura como su papá? ¿O a una de cuatro regañando al perro de la familia, haciendo la misma voz y usando las mismas palabras que su mamá?

¿Cómo aprenden esto los niños? Observando. Los psicólogos lo llaman MODE-LAJE. En realidad, sólo es imitación. Los niños son como esponjas, puede ser consciente o inconscientemente, o un poco de ambos. ¿Y qué pasa cuando un niño de tres años ve a su papá gritándole a su mamá? Aprende a hacerlo. ¿Qué pasa si un niño de ocho años es acosado por su hermano mayor? Él acosa a su hermano menor. No en todos los casos, pero suele ser común.

En los años noventa, científicos italianos observaron ciertas células cerebrales en monos llamadas neuronas espejo. Descubrieron que cuando un mono observa a otro hacer cualquier cosa, se disparan las MISMAS neuronas que cuando lo hace él mismo. En otras palabras, las mismas células cerebrales se activan o programan cuando el mono ve a su madre recoger una banana, que cuando él recoge su propia banana.

Algunos neurocientíficos sugieren que sucede lo mismo en nosotros. Observar cierto comportamiento entrena nuestro cerebro. Estamos programados para imitar. Escuchar a tu madre gritando programa tu cerebro. Ver a tu papá golpear a tu hermano te programa para golpear. Ver a tu mamá ayudar a un amigo enfermo te enseña a ser amable.

En pocas palabras, la ciencia confirma lo que siempre supimos: aprendemos del ejemplo.

¡Ponte serio!

En un aeropuerto vimos a una madre advirtiendo a su hijo: "¡Jack, si le pegas a Thomas te quito el iPad y no lo vuelves a ver!" Jack le pegó y le quitaron el Ipad. En cuanto lo perdió, el pequeño Jack se volvió un ángel. "Lo siento, Thomas, no lo volveré a hacer." En tres minutos, la mamá dijo, "Qué buen niño, ahora que te disculpaste puedes tener tu IPad de nuevo." ¡La cadena perpetua se redujo a ciento ochenta segundos! ¿Qué aprendió Jack?

- No hay consecuencias para el mal comportamiento.
- Pedir perdón lo soluciona todo.
¿Qué aprendió Jack sobre su madre?
- Sus amenazas no significan nada.
- Puede obtener lo que quiera de ella.

La próxima vez que la mamá diga: "Jack, debes estar en cama a las siete", simplemente la ignorará, SABE que no va en serio.

¡No te detengas!

Muchas personas dicen cosas pero no tienen la intención de cumplirlas. Muchos padres están tan acostumbrados a hacer promesas y amenazas falsas que ni siquiera se dan cuenta. Todos los motivadores y psicólogos dicen que debes "creer en ti mismo." Tiene sentido. Pero antes, debes "creerte a ti mismo."

Cuando se trata de promesas y compromisos, muchas personas son debiluchas. Prometen ayudarte, pero se van a pescar. Prometen pagar las cuentas, y dejan el país. Y se preguntan por qué no funcionan sus vidas.

Qué tan a menudo los padres dicen cosas pero no tienen la intención de cumplirlas:

—No, no puedes comerte otro helado.

—Pero quiero.

—Ya te comiste dos.

—Pero tengo hambre.

—No.

—¡Johnny se comió tres!

—Dije NO.

—Freddy se comió cuatro.

—Que NO.

—Quiero uno.

—NO.

—Te odio.

—Está bien, pero sólo esta vez.

Y no hemos llegado a lo peor. Los niños necesitan ver fuerza. Cuando eres débil, te siguen probando, pero no lo hacen porque quieran que ganes. Lo importante es cómo reacciones.

En pocas palabras, comprométete a algo sólo si sabes que lo vas a cumplir. Si es necesario, haz menos promesas y compromisos, pero lo que digas que vas a hacer, *hazlo*. Gradualmente tu palabra llega a ser ley para ti, y es cuando en verdad crees en ti mismo. Es entonces cuando la gente y tus hijos comienzan a mostrarte respeto.

¡Los niños pequeños pueden ser responsables!

Típico: Mamá le dice a su hijo: "Nick, recoge tus juguetes." Cinco minutos después: "Recoge tus juguetes." Cinco más: "¡Recoge tus juguetes AHORA!" Y más tarde: "Recoge tus juguetes o no habrá más televisión."

El niño continúa viendo tele y la mamá recoge los juguetes. Esto le pasa a casi todos los padres. ¿Por qué?

Un niño de tres años, lleno de habilidades, es capaz de recoger un Buzz Light-year. Es tan sencillo que hasta un niño puede hacerlo. Y algunos lo hacen.

"Cuida tus cosas"

La historia de Maryjane

Cuando nuestros hijos tenían tres años eran como la mayoría: les pedíamos que recogieran sus juguetes, pero nos ignoraban.

Un día les expliqué claramente: "Deben cuidar sus cosas, esto significa que las regresen a su caja cuando terminen de usar sus juguetes. Si no las cuidan, las regalaré a otro niño que sí quiera cuidarlos."

"¿Entienden que si no guardan sus juguetes cuando se los pida se los daré a otro niño?"

"Sí."

Esa tarde, Julian dejó su tren en la sala. Le pedí que lo recogiera, pero no hizo caso. Era un tren hermoso. Llamé a Julian, lo metimos a una bolsa y fuimos a dejarlo a los niños pobres.

Esa misma semana, Vanessa dejó su hermosa muñeca en el pasillo. Dije, "Vanesa, guarda tu muñeca", pero no lo hizo. Así que la muñeca se fue a una bolsa y fuimos a dejarla a los niños pobres. Me partió el corazón.

En una semana, teníamos a dos preescolares recogiendo sus juguetes. No hubo gritos ni pataletas. Aprendieron a cuidar sus cosas.

Ahora son adolescentes que aún cuidan de sus cosas. No son perfectos, pero sus cuartos son ordenados.

Mi esposo y yo tomamos la decisión de forma temprana: preferimos pasar una semana difícil enseñándoles a recoger sus juguetes que los siguientes doce años discutiendo.

Nuestros chicos nos respetan, saben que cumplimos.

Los niños que entienden que hay consecuencias en la vida son más felices, y menos propensos a crear problemas.

¿Cómo está conectado esto al bullying? Cuando tienes respeto por los demás, y por tus cosas, estarás menos inclinado a golpear personas y romper cosas.

Modales

Durante miles de años se les ha enseñado a los niños a respetar a sus mayores.
El respeto significa:

- Saludar a tus padres por la mañana.
- Saludar a tu tío cuando llega a casa.
- Saludar a tu vecino en la calle.
- Pedir "por favor."
- Decir "gracias."

No es tan difícil.

Los niños han aprendido modales durante años. Han aprendido a ser considerados. En ese proceso, aprendieron que no son el centro del universo. Pero parece que el centro del universo se ha movido. Hoy en día puedes llegar a un hogar en donde la niña de siete años te ignorará por completo. Pero no es su culpa no tener modales, es de sus padres.

No tener modales la pone en gran desventaja. ¿Cómo? Cuando se tienen modales, la gente quiere hablar contigo y te sientes querido y bienvenido. Te sientes un poco especial. Si te sientes un poco especial, eres más feliz y no necesitas acosar a otros niños para sentirte bien. ¿No es maravilloso?

Otras cosas útiles que los niños deberían aprender:

- Correr en los restaurantes, entre las mesas, es inaceptable.
- Llorar tumbado en el piso del supermercado para obtener un helado es inaceptable.
- Poner música tan alto que los vecinos no puedan dormir. Eso no es *cool*, es egoísta y desconsiderado.

En pocas palabras, los modales llevan al respeto. Cuando respetas a las personas, no las acosas.

¿Cómo se crea un bully?

¿Qué lleva a los niños a portarse mal y a molestar? Saber que hagan lo que hagan se saldrán con la suya. Cuando tu hijo dice: "Mis papás siempre me amenazan pero nunca cumplen", estás en problemas.

El bullying no es sobre enojo, es sobre falta de respeto. Los bullies son bullies porque no les importa y porque pueden. Dan Olweus, profesor de psicología en la Universidad de Bergen, en Noruega, nos ofrece cuatro factores que ayudan a gestar bullies:

- FALTA DE CALIDEZ de los padres, especialmente de la madre.

- FALTA DE LÍMITES PRECISOS en el comportamiento agresivo. Si al niño se le permite golpear y molestar a sus hermanos, se volverá más y más agresivo.
- CASTIGO FÍSICO. Los niños que son disciplinados con violencia, aprenden a ser violentos.
- EL TEMPERAMENTO DEL NIÑO. Los niños muy temperamentales son más propicios a volverse bullies.

Empatía: ¿cómo la aprenden los niños?

La empatía se trata de apreciar los sentimientos de los demás. Si un niño no sabe cómo se siente, no hay manera de que entienda cómo se siente otro niño. He aquí un escenario típico: mamá entra a la sala y encuentra a Mary, de tres años, pateando a su hermano pequeño, Eric.

Mamá dice: "Discúlpate con tu hermano AHORA."

Mary dice: "Perdón, Eric."

Mamá dice: "Vete a tu cuarto hasta que te diga que puedes salir."

Mary se va a su cuarto llorando. Veinte minutos después es liberada. Mary aprende que hay consecuencias cuando patea a Eric, pero nada más.

Muchos padres, en esta situación, simplemente dirán "Estoy enojado contigo", pero eso no ayuda mucho. Los niños no ven las cosas automáticamente desde el punto de vista de otro niño. Mary necesita que mamá le explique las cosas: "Mary, cuando pateaste a tu hermano, a él le dolió."

Para que Mary deje de patear a la gente necesita descubrir más sobre estar enojada, celosa, contenta y triste.

De los sentimientos a la palabra

Aprender a poner palabras a las cosas ayuda a los niños a comprender. Por ejemplo, le explicas a Mary el mundo al darle palabras: "Éste es un oso", "éste es un pato." Una vez que tiene etiquetas para las cosas, Mary puede hacer preguntas: "¿Por qué el pato tiene pies chistosos?"

¿Cómo aprende Mary sobre las emociones? Enseñándole palabras para las distintas emociones. Cuando Mary aprenda a describir cómo se siente, se sentirá menos frustrada y probablemente pateará menos a Eric.

Puedes hablar con ella acerca de sus sentimientos:

"¿Por qué pateaste a Eric?"

"¿Porque tiró mi oso al retrete."

"Bien, Mary, ¿cómo te sientes por lo que hiciste? ¿Cómo te sentirías si Eric te hubiera pateado?"

En otras ocasiones puedes valerte de los personajes de las historietas de Mary y alentarla a ponerle nombres a sus emociones: "Mira la cara de Billy, ¿cómo se siente?"

Le puedes enseñar sobre sentimientos preguntándole: "¿En qué parte de tu cuerpo sientes la alegría, la tristeza, el enojo?" Y le ayudas a imaginar si le preguntas: "¿Cómo te sentirías, Mary, si perdieras a Snoopy?"

Al mismo tiempo que Mary aprende a describir cómo se siente, se relaja su frustración, tal vez patee con menos frecuencia a Eric.

Enseñar a los niños sobre los sentimientos puede parecer poco importante, pero está directamente relacionado al bullying.

- Cuando puedes darle palabras a tus sentimientos, eres más feliz. Es menos probable que un chico feliz se convierta en un bully.
- La empatía, o apreciar cómo se sienten los demás, sucede en dos etapas:
- Aprendemos a darle palabras a nuestros sentimientos.
- Una vez que sabemos cómo nos sentimos NOSOTROS, comenzamos a apreciar cómo se sienten LOS OTROS.

Cuando sabes apreciar los sentimientos de los otros, no abusas más de ellos; no los pateas en la cabeza, no les robas el dinero de su almuerzo o les envías mensajes con textos que dicen: "Te voy a matar."

Tu hijo de cuatro años sólo sentirá empatía hacia los demás si se siente bien consigo mismo. Si está herido, solo, si se siente tonto o despreciado, no habrá lugar para compadecerse de los sentimientos de los demás.

La mayoría de los bullies nunca fueron animados a explorar sus propios sentimientos, o fueron abusados. Por ejemplo, cuando los padres acosan a sus hijos, dicen cosas como:

- "Haz lo que te digo o te daré con el cinturón."
- "Deja de llorar o te daré razones para hacerlo más fuerte."
- "No me interesa tu historia."
- "Desearía que no hubieras nacido."
- "¡Te voy a enviar al orfanato!"

Ninguna de esas expresiones alienta a una exploración de los sentimientos.

Un perro sabe cuando estás sufriendo. Los elefantes y los delfines son empáticos. En una guardería, cuando un bebé llora otro lo hará. Después de un año, más o menos, los niños aprenden que son individuos. Un niño pequeño tratará de tranquilizar a un bebé que llora. Pero la empatía debe ser nutrida.

En pocas palabras, los niños felices y centrados no disfrutan al ver llorar a otros niños.

Enseña con el ejemplo

Si le dices a tu hija de cuatro años "Johnny se ve muy triste. ¡No tiene amigos para jugar!", ella entenderá. Dile "Pobre Johnny, se despierta todos los días deseando hacer un amigo. Pero camina a casa solo, pasa el recreo solo, los chicos se burlan de sus lentes. Todas las noches llora", la harás sentir triste.

Si le preguntas: "¿Qué puedes hacer para que él se sienta mejor?", ella responderá.

Si le explicas a un niño pequeño "Sus papás no tienen trabajo así que no tienen mucho dinero. No pueden comprar ropa linda como nosotros. ¿Cómo te sentirías si no tuvieras ropa linda?", el niño comprenderá.

En pocas palabras, los niños son amables cuando se les anima a serlo constantemente.

Vuelve a los niños responsables

Los niños que aprenden a ser responsables también aprenden a preocuparse. El niño aprende: "Lo que hago importa, lo que hago afecta mi mundo." Les enseñas a preocuparse demostrándoles que a ti te importa también. Cuando ayudes a otros, involucra a tus hijos. Si le ayudas a un vecino a cambiar un foco, si regalas ropa a la caridad, hazlo con ellos.

A pesar de lo que podamos pensar, los niños pueden ser tan bondadosos y comprensivos como las niñas. Sólo necesitan ser animados. Y más buenas noticias: los pedagogos nos dicen que los chicos considerados se vuelven mejores estudiantes y personas exitosas. ¿Por qué? Porque se requiere de creatividad y flexibilidad de pensamiento para apreciar cómo se sienten los demás.

En pocas palabras, nacemos con las semillas de la empatía, pero necesitamos regarlas. Es imposible sentir empatía y acosar a los demás.

Disciplina: cuatro claves

1. HABLA EL LENGUAJE DE TUS HIJOS. ¿Qué es lo que valora? Si a Billy le encanta su triciclo, entonces es lo que le quitas cuando patea a su hermana. Si "hablas triciclo", tendrás su atención.
2. CONSECUENCIAS PREDECIBLES. Billy debe saber: si hago A obtendré B. Billy sabe "Si pateo a mi hermana, perderé mi triciclo." Cuando el resultado es así de predecible, tres cosas sucederán:
   a. Billy se da cuenta de que sus padres son justos.
   b. Billy comienza a comprender sobre consecuencias.
   c. Billy se da cuenta de que está en control.
3. NO LO TOMES PERSONAL. Evita comentarios como: "Estoy muy decepcionado de ti." Mejor: "¿Entiendes que como hiciste A te toca B?"
4. CUMPLE LO QUE DICES.

La disciplina en acción

Debemos estar de acuerdo en que algunas cosas son DERECHOS DE LOS NIÑOS. Tu hijo tiene derecho a una cama tibia. Tiene derecho a comer lo suficiente, sin importar cómo se comporte.

TAMBIÉN HAY PRIVILEGIOS: televisión, videojuegos, fiestas, compras, excursiones, conciertos, encuentros deportivos, etcétera. Así que veamos cómo incorporar las "cuatro claves de la disciplina."

PASO 1: Compra un pizarrón blanco y cuélgalo en la cocina. Haz una lista de los privilegios de Billy.

PASO 2: Establece reglas de la casa, por ejemplo:

• No golpearse.
• No insultarse.
• No gritar.
• Terminar la tarea a tiempo.

PASO 3: Le explicas a Billy: "Cuando obedeces las reglas de la casa tienes un hogar feliz. Si rompes una regla, pierdes un privilegio, y así sucesivamente."

Cuando obedeces las reglas de la casa durante tres días, recuperas un privilegio. ¿Qué tiene de bueno este sistema?

- Billy conoce su posición en casa.
- Tú conoces la tuya, no tienes que inventar castigos al aire.[10]

Los chicos normales empujarán los límites. Los chicos normales a veces tratarán de controlar a otros niños. Sólo porque un niño trate de salirse con la suya no significa que se volverá un bully. Lo importante es cómo lidias con ello.

---

[10] Este sistema se explica en http://www.stopbullyingnow.com.

12

¿Quién está a cargo?

La historia de Andrew

Cuando estaba en prepa tenía un maestro de geografía llamado señor Roberts. Lo llamábamos "El Cohete." Era un hombre gentil, decente, que nos trataba como sus iguales y como personas civilizadas. Pero no éramos sus iguales ni éramos civilizados. ¡Teníamos trece años!

ANDREW MATTHEWS

*"¡Cuando yo era un adolescente, estaba orgulloso
de ser visto con mis padres!"*

El señor Roberts sabía mucho de geografía pero no tenía idea de cómo controlar adolescentes. Lo poníamos a prueba. Hablábamos durante sus clases, lanzábamos papeles, encendíamos cigarrillos... Le hacíamos la vida de cuadritos, pero no éramos un montón de niños malos, y nos caía bien. Así que, ¿por qué?

Teníamos trece años. Cuando tienes trece, es aterrador estar en las manos de un adulto inseguro. Así que lo pones a prueba, esperando a que pinte la raya. Queríamos que el señor Roberts tomara el control. Después de un año, se fue. Nosotros NO queríamos ganar. Necesitábamos límites.

Con tus hijos pasa lo mismo. Aquí está lo que los niños NO QUIEREN:
- No quieren que obedezcas a sus instrucciones.
- No quieren que les ruegues que se comporten bien.
- No quieren que grites.
- No quieren que andes por ahí preguntando infinitamente: "¿Quieres esto? ¿Quieres aquello?"

Y no quieren que te disculpes todo el tiempo. ¿De dónde salió eso? Recientemente, Julie y yo vimos a un niño de cuatro años gritando desde el asiento trasero del carro a su mamá: "¡Discúlpate! ¡Discúlpate AHORA!" Obviamente está acostumbrado a que le pidan disculpas.

Cuando tu hijo tiene tres años, hay mucho que necesita que le expliques: ésta es una vaca, éste es un gallo... También hay otras cosas, y muy importantes, que no necesita que le expliques:

> *Los niños quieren que pongas reglas y que se respeten.*

- "Te vas a la cama ahora", no necesita explicación.
- "No más helado", no necesita explicación.
- "No prendas fuego a los calzones de papi", no necesita explicación.

¿Entonces qué QUIEREN los niños?
- Quieren que seas firme y tranquilo.
- Quieren que seas consistente.
- Quieren que pongas las reglas y te apegues a ellas.
- Quieren que *estés*.

¿Quién está tomando las decisiones?

Algunos padres tratan a sus hijos como amigos. Tu hijo de diez años no necesita que seas su amigo, esos los encuentra en la escuela. Lo que necesita es un padre.

Algunos padres dejan que sus hijos tomen decisiones que les pertenecen a ellos: una niña de nueve años hace un berrinche, mamá dice entonces: "¿Tranquila, a ver, adónde quieres ir de vacaciones? ¿Quieres ir a la playa o a la nieve?"

La niña está pateando los muebles. No quiere ni sol ni nieve. La mamá está rogando, tratando de hacerla feliz.

¿QUÉ? ¿Desde cuándo decide un niño de nueve años en dónde gastarse los ahorros de la familia? Claro que puedes discutir las opciones, hablar al respecto. Pero TÚ tomas la decisión y le dices a la niña: "Vamos a ir a tal lugar y se acabó."

¿Cuando se ha visto que las mamás tomen la orden en la cocina de sus niños de cinco años como si fueran príncipes y la mamá la mesera?: "¿Quieres pollo o pescado? ¿Con o sin papas fritas?" O el papá diciéndole al niño: "Vamos a comer afuera, ¿qué se te antoja, comida china o italiana?" Desde cuando un niño de cinco años gobierna en la casa.

A un adolescente sí se le pregunta qué quiere hacer en vacaciones, pero no a un niño de cinco años.

En algunas familias, la negociación está de moda. No se negocia con un niño de cinco años, se negocia con el gerente de un banco.

Cuando los niños tienen esa edad, pueden tomar algunas decisiones: "Hoy usaré mi playera verde." Otras cosas se las dices TÚ: "Esto vamos a comer hoy, aquí es adonde iremos mañana." Eso lo hace sentir seguro y feliz.

A veces, un adolescente te preguntará: "¿Y por qué pones tú todas las reglas?" Tú le explicas: "Porque soy tu padre (o madre) y yo pago las cuentas. Cuando tú lo hagas, te tocará poner las reglas." Fin de la discusión.

"Lo siento"

En algunas familias, "lo siento" es la palabra mágica que excusa a los niños de cualquier mal comportamiento. Los niños piensan "puedo ser tan cruel y malo como yo quiero, y después sólo tengo que decir «lo siento»." ¿Pero es suficiente?

Imagina esto: vas manejando cerca de la casa de tu vecino Jim y de repente derramas un capuchino hirviendo en tu regazo. ¡Tu ingle se quema! Pisas el acelerador a fondo, sales del camino y atraviesas el jardín de Jim hasta atravesar la pared de su casa y estacionarte en la sala.

Cuando el polvo baja, sales por la ventanilla del auto y ves a Jim apresado entre tu defensa y su televisión. Tiene la pelvis fracturada, dos piernas rotas y un gran agujero en su pared. Y dices: "Lo siento, Jim, fue un accidente."

¿Será eso suficiente? NO era tu intención demoler su casa ni mandarlo al hospital... ¡No, no, no! Eres responsable. Accidente o no, eres responsable. Debes pagar los daños y probablemente serás multado por conducir de manera irresponsable.

Existen leyes para castigar a la gente que lastima a los demás. Si la ley te penaliza, no quiere decir que seas un criminal necesariamente. Pero las consecuencias nos llevan a ser considerados y responsables.

Lo mismo sucede con los niños de dos o dieciséis años que lastiman. NO es suficiente que diga "lo siento" o "fue un accidente."

En su libro *Empowering bystanders in bullying prevention*, Stan Davis escribe: "Ayudamos a los jóvenes cuando los hacemos responsables, sin importar su intención. Muchos jóvenes creen que por afirmar que no era su intención causar daño pueden evadir su responsabilidad."

Y añade: "La verdad en la mayoría de las situaciones es que el daño está hecho y es resultado de una decisión."[11]

En pocas palabras, "lo siento" no significa "ya pasó."

"Mami lo arreglará"

Mamá le da a su hija de catorce años su primer teléfono. Mamá explica: "Es para emergencias y llamadas breves. Tienes cien dólares al mes."

Al mes siguiente, a Amelia le llega su primer recibo telefónico: ¡Mil cien dólares! Mamá enloquece y Amelia culpa a la compañía de teléfonos, así que mamá llama a la compañía y les gritonea. Ellos acceden a rebajar la cuenta a la mitad y mamá paga los quinientos cincuenta dólares.

¿Qué aprendió Amelia? ¿Qué aprendió mamá?

¿Qué debería hacer mamá ahora? Lo que debió haber hecho desde un principio: quitarle el teléfono y ponerle un límite.

"Papi lo arreglará"

Cuando Mick cumplió dieciséis, sus papás le dieron un Mazda nuevecito. Mick estaba contento.

- En un mes, Mick iba a toda velocidad por una carretera y trató de rebasar un camión por la izquierda, provocando un accidente terrible. El dueño del camión se quedó sin el transporte durante tres semanas. El papá de Mick pagó los daños del Mazda. ¿Qué aprendió Mick? *Papi lo arreglará.*

---

[11] S. Davis y J. Davis, *Empowering bystanders in bullying prevention*, Research Press, 2007, p. 111.

- Cuatro meses después, a Mick le dieron una multa por exceso de velocidad. No podía pagar los doscientos dólares. Papá los pagó. ¿Qué aprendió Mick? *Papi lo arreglará.*

- Seis meses después, a Mick lo arrestaron por conducir en estado de ebriedad. Mick y sus padres fueron a la corte. Papi contrató a un abogado muy listo. Papi pagó la fianza y Mick estaba de regreso en la carretera. ¿Qué aprendió Mick?... *Papi lo arreglará.*

- Diez meses después, Mick chocó el Mazda y fue pérdida total. Ahora ninguna compañía de seguros quería tener nada que ver con Mick. Papá tuvo que hacer una docena de llamadas y, finalmente, papá consiguió que le pagaran la póliza. ¿Qué aprendió Mick?... *Papi lo arreglará.*

- A los diecinueve, en un V8 rojo y una nueva compañía de seguros, Mick sufrió un horrible accidente. Sufrió daño cerebral grave y no puede hablar. Está semiparalizado del lado derecho y perdió la mitad de la visión.

Mick no volverá a conducir jamás. Papi lo tendrá que cuidar por el resto de su vida. La vida de Mick y la de toda su familia cambió en un instante.

"Ya aprendió su lección"

Mi amigo Alex tiene un hijo de dieciocho años, Ben. Ben siempre ha tenido lo mejor. Alex hace todo por Ben, y quizás ése sea el problema. Hace seis meses Alex me contó: "A Ben lo arrestaron anoche. Golpeó a alguien afuera de un antro y la policía lo encerró. Me costó mil ochocientos dólares sacarlo. Es un verdadero dolor de cabeza. No sé qué hacer con él."

—¿Por qué pagaste? —le dije.

—Ben no tiene dinero. Espero que haya aprendido la lección.

El mes pasado me encontré a Alex y me contó:

—A Ben lo arrestaron anoche, lo cacharon orinando en un parque. Lo encerraron. ¡Me costó dos mil dólares sacarlo!

—¿Por qué pagaste? —le dije.

—Ben no tiene dinero. Espero que haya aprendido la lección.

Este mes, a Ben lo arrestaron por vender droga en las calles. ¿Qué ha aprendido Ben?

Padres ayudando

Cuando haces todo por tu hijo, ¿te respeta más? ¿Te ama un poco más? ¿Se hace responsable?

Ser el tipo bueno es la salida fácil. Cuando papi dice "haré esto por mi hijo", la realidad puede ser: "Quiero ser buen tipo, quiero ser el señor Arreglatodo", "quiero ser su amigo."

Mientras más protejas a tus hijos de las consecuencias, seguirán siendo mayores.

Los adolescentes son como cualquiera. Aprenden por medio de pequeñas dosis de dolor, molestias y frustación. Así aprenden de la vida misma.

En pocas palabras, la vida siempre nos pellizca con señales. Cuando las ignoramos, la vida nos da con un martillo.

El cerebro adolescente

"El cerebro adolescente no es sólo un cerebro adulto con menos millas."
Frances E. Jensen,
Profesor de Neurología

Kevin es un chico de diecisiete años, inteligente, amoroso, respetuoso; tiene excelentes calificaciones y un futuro brillante por delante. Un sábado en la noche salió con sus amigos y todos se emborracharon un poco.

Los chicos vieron el coche de su maestro estacionado en un callejón y uno de ellos dijo: "Oigan, solo por diversión, hay que robarle los tapones de sus llantas."

Justo en ese momento, pasó una patrulla. Todos corrieron a esconderse detrás de unos arbustos y Kevin se quedó solo, con las manos sobre los tapones. Lo arrestaron y le levantaron cargos.

¿A poco no es esta una historia típica?

¿Por qué los adolescentes inteligentes hacen cosas tontas?

Investigaciones realizadas desde el 2000 han sorprendido a la comunidad médica. Ahora los científicos nos dicen que el cerebro adolescente está desarrollado sólo 80%; el lóbulo frontal de la corteza cerebral no está completamente conectado al resto del cerebro hasta los 25 ó 30 años.

Tu dirás, ¿eso qué?

Esto es lo que pasa: el lóbulo frontal de la corteza se encarga del RAZONAMIENTO, la PLANEACIÓN y el JUICIO. ¡Hay una razón por la que los adolescentes hacen cosas fuera de control!

Así es.

Hay una razón por la que los adolescentes son impulsivos, porqué a veces manejan demasiado rápido y se arriesgan sin razón. Hay una razón por la que se preocupan tanto de lo que sus amigos piensen de ellos.

Los adolescentes no están programados para pensar en las consecuencias a largo plazo.

María corta con Toby y piensa que su ruptura es el fin de todo. Dave reprueba un examen y piensa en dejar la escuela.

Pensamos que porque un chico de quince años es más alto que su papá, tiene que pensar como un adulto. Pero no lo hace, y no puede hacerlo.

En pocas palabras. Los adolescentes tienen mentes muy poderosas pero aún están aprendiendo a controlarlas.

Sexo adolescente

Cuando estábamos investigando para nuestro libro, *Sé un adolescente feliz*, nuestros vecinos nos invitaron a cenar a su casa.

Éramos tres parejas, incluyéndonos, y tres chicas jóvenes. La hija de nuestro vecinos, Karen, tenía trece años. Las otras dos chicas eran de la otra pareja, una tenía catorce y otra doce. Las tres adolescentes eran brillantes y seguras de sí mismas. Ambas parejas estaban obviamente, orgullosas de ellas.

Cuando terminamos de cenar, las chicas se fueron a ver la televisión y nuestra conversación giró en torno al sexo adolescente. El papá de Karen dijo: "Sé que Karen nunca ha tenido sexo, no se atrevería." Su esposa estuvo de acuerdo.

El otro papá dijo: "Yo también sé que Melanie y Rachel nunca han tenido relaciones sexuales." Su esposa añadió: "Sabemos a dónde van y con quién se juntan."

Más tarde, Julie se acercó a las niñas. Hablaron de la escuela, de ropa, de chicos. Por pura curiosidad Julie les preguntó: "¿Cuál es una buena edad para empezar a tener relaciones sexuales?"

Karen, de trece años dijo: "A los dieciséis."

Melanie, de catorce estuvo de acuerdo. Y Rachel, de doce, dijo: "Sí, creo que dieciséis es una buena edad."

"¿Y por qué no antes?", preguntó Julie.

Melanie respondió: "Porque aún no estamos listas."

Las otras dos estuvieron de acuerdo: "No antes de los dieciséis."

Así que Julie les preguntó:

"¿Y alguna de ustedes ha tenido relaciones sexuales?"

"Yo sí", dijo Melanie.

"Yo también", dijo Karen.

Rachel, de doce años dijo: "No sexo de verdad. Sólo sexo oral."

Julie les preguntó: "¿En dónde lo hicieron?"

Y la respuesta de las tres fue, en casa. "¿En dónde más? No tengo un auto." añadió Melanie.

"¿Y sus padres estaban en casa?", preguntó Julie.

"¡Sí!", respondieron las tres.

Los padres piensan que saben lo que está pasando con sus hijos cuando, en realidad, ¡no tienen idea! Cada una de ellas se sintió presionada por su novio.

"¿Y lo disfrutaron?", preguntó Julie.

Dos de ellas: "Para nada." Y una más: "Fue horrible."

¿Y por qué lo hicieron?

"Porque todas las chicas lo hacen."

*"Sé que mi esposo puede ser muy amoroso;
así es con el perro."*

13

Que tus hijos sepan que los amas

La historia de Vicky

Yo vengo de un país asiático. Mi madre me mandó a trabajar como mucama cuando tenía diez años. Mis jefes no me trataban muy bien. Nunca fui a la escuela. Mi vida era horrible. Como sea, llegué a Australia, conocí a Dave, me enamoré y me casé. No teníamos dinero. Trabajamos duro para comprarnos nuestra pequeña casa y tener una familia.

Dave manejaba un taxi y yo limpiaba casas. Aún lo hago porque no estoy calificada para más. No tengo educación.

Tenemos dos hijos, Jessica y Jim. Les juré que tendrían una vida mejor que yo. Me prometí a mí misma que gozarían una educación adecuada y una vida normal. Juré que nunca tendrían que limpiar casas para vivir como yo. Que disfrutarían de los juguetes que nunca tuve y de la ropa que quise tener.

Necesitábamos un segundo auto así que tomé otro trabajo en un supermercado, por la noche. Seguido, regresaba a casa a las 3:00 a.m. Estaba demasiado cansada como para levantarme y despedir a mis hijos cuando se iban a la escuela, y se iban solos.

También estaba cansada para cocinar, así que vivíamos de hamburguesas y pizzas. Para ganar más dinero, obtuve un tercer trabajo planchando los fines de semana.

Ahora Jessica tiene diecisiete. Solía quejarse de que nunca me veía pero yo tenía que trabajar. Necesitábamos el dinero. Intentaba quedarme en casa algunas noches, pero incluso cuando estaba en casa los niños sólo veían televisión.

Si mis hijos no me hablaban, ¿cuál era el chiste de quedarme en casa?

Jessica dejó la escuela el último año y se salió de la casa.

Tim ahora tiene dieciséis. Cuando tenía diez comenzó a meterse en problemas por acosar a otros niños en la escuela; los golpeaba. También tuvo problemas con la policía por lanzar tabiques a las ventanas de los vecinos.

> 66 *Los maestros de Tim lo etiquetaron como un niño problema. Pero esos maestros lo molestaban sin razón alguna.* 99

Tim es un buen chico, en realidad. Lo que pasa es que se junta con malas compañías.

Los maestros de Tim lo etiquetaron como un niño problema. Pero esos maestros lo molestaban sin razón alguna. Lo sacamos de la escuela y lo metimos a una de paga, con la esperanza de que ahí lo sabrían disciplinar.

No podíamos pagar las colegiaturas pero estábamos desesperados porque consiguiera ayuda.

Comencé a trabajar más horas para pagar los recargos. Esperábamos que la nueva escuela le enseñaría nuevos valores, pero Tim continuó molestando a otros niños.

Mi esposo estaba tan estresado que comenzó a beber.

A los quince, Tim tenía un problema con las drogas. Lo suspendieron de la nueva escuela y le recomendaron asesoría y rehabilitación, que nos costó miles de dólares.

Juntamos el dinero rentando el cuarto de Jessica a un estudiante coreano. Tim resintió tener a un extraño en casa. Perdía el temperamento se volvió muy agresivo.

Tim nos decía que nos odiaba, odiaba la escuela y todo lo demás. Se salió de la escuela y comenzó a ser aprendiz de chef. Le gustó un rato pero luego renunció.

Nuestros dos hijos han dejado la escuela. Estamos casi en bancarrota.

Tim se quiere morir. Ésta no es la vida que teníamos planeada

Vicky es una mamá cariñosa y comprensiva. Siempre ha visto por sus hijos de la mejor manera posible. No tuvo ningún mentor. No comprendía lo importante que era pasar tiempo con sus hijos. Tim ahora tiene a su madre en casa, que es lo que deseaba hace diez años, pero ahora es demasiado tarde.

Los padres tienen las mejores intenciones para darles una buena vida a sus hijos, pero están tan cerca de ellos que pierden la perspectiva de lo que pasa.

Algunas veces nos decimos que hacemos las cosas lo mejor que podemos para nuestros hijos, pero lo que hacemos en realidad es lo más conveniente. En ocasiones deberíamos estar en el trabajo y no en la casa y lo hacemos pretendiendo que es sólo por los niños.

Esto suele suceder:

- Para un niño de diez años, ningún lujo puede compensar la falta de tiempo y atención de sus padres.
- Lo que no le das tú a tus hijos ninguna escuela se los puede dar.
- Si tu hijo tiene problemas y es un bully, cambiarlo de escuela no funcionará.
- Cuando tienes doce años y tus padres siempre están trabajando, cualquier atención es mejor que ninguna.
- Romper ventanas, embriagarte, molestar a los vecinos, es consecuencia de no tener una guía ni quien esté cerca de ellos. Los hijos siempre harán cosas indebidas, puedes no aprobarlos, pero cuando menos les pondrás atención.
- Cuando no hay nadie en casa, cualquier compañía es mejor que nada. Para los hijos casi cualquier pandilla es mejor que la ausencia de los padres. Todos quieren pertenecer a alguna parte.

En pocas palabras, lo que no haces ahora regresará a morderte después.

El tiempo que no pases ejercitando antes de los sesenta lo pasarás, probablemente, en un hospital después de los sesenta.

El pequeño interés de la tarjeta de crédito de ahora se puede volver una pesadilla dentro de unos años.

El tiempo que no pases con tus hijos antes de que tengan quince años lo pasarás después preocupándote y tratando de reparar el daño.

Será demasiado tarde.

¿Qué sabes de tus hijos?

Algunos padres creen conocer bien a sus hijos, pero no conocen las respuestas a preguntas tan simples como:

- ¿Quiénes son tus mejores amigos?
- ¿En qué te gastas tu dinero?
- ¿Qué materias llevas en la escuela?
- ¿Quiénes son tus héroes?

No llegarás a conocer a tus hijos pasando algunos minutos de "calidad" con ellos cada semana. Sólo cuando pasas horas y horas con ellos, comes con ellos, juegas con ellos, descubrirás un poco de lo que hay en su cabeza.

Tienes que estar cerca, cuando ellos crean conveniente, se abrirán a ti.

En pocas palabras. A veces los adolescentes son como verdaderos animales salvajes. Toma mucho tiempo lograr su plena confianza y están más temerosos que tú.

Demuestra interés a tus hijos

En 2011 Julie y yo viajamos en avión a Fiji. Frente a nosotros había una familia de cuatro miembros: mamá, papá, un niño de cuatro años y un bebé de ocho meses.

El niño de cuatro años iba sentado muy quieto jugando con su Nintendo, mirando ocasionalmente a sus padres.

Tres horas de viaje después Julie me dijo: "Esos adorables padres no han dejado a su bebé solo ni un minuto. Lo han mecido, besado, acariciado y abrazado desde Sydney, y él nene ha estado dormido todo el tiempo."

Luego añadió: "El bebé está dormido, ¿por qué crees que los padres no lo dejan solo?" Julie reflexionó y me dijo: "Los padres no sofocan con abrazos a los bebés porque les guste a los pequeños. Es porque los padres lo disfrutan. Es tan dulce besar a un bebé." Entonces me preguntó: "¿Cuántas veces crees que ellos lo han tocado, abrazado, besado, incluso le hayan hablado al niño de cuatro años?"

Desde luego no tenía idea pero Julie los había observado durante tres horas. La respuesta fue "casi nada." Su argumento no era que ellos debieran abrazar menos al bebé sino que debían abrazar más al niño de cuatro años.

¿Qué pensaría el niño de cuatro años, que durante tres años había sido el centro de atención, cuando nació el nuevo bebé? Tal vez se diría "¡Qué falló! ¿Qué está mal conmigo?"

Es indudable que los niños se vuelven más independientes conforme crecen, y no quieren ser asfixiados. Pero muchos niños pasan de ser completamente adorados a casi ser ignorados de la noche a la mañana.

Según cómo crecimos, para algunos de nosotros es difícil decirle a nuestros hijos que los amamos, pero siempre hay maneras.

Si para ti es difícil decirle a tu hijo que lo amas, déjale un mensaje en su cama, ponle una nota en su lonchera, exprésalo a través de una tarjeta de cumpleaños.

Algunos padres escriben cartas a sus hijos aun cuando éstos viven en la misma casa: "Querida Jane, mamá y yo estamos muy orgullosos de ti. A veces estamos tan ocupados y estresados que nos olvidamos de decirte cuánto te amamos. Tu significas más para nosotros de lo que te imaginas..."

¿Tu hijo adolescente apreciaría una nota como esa? No cuesta mucho, ni siquiera tienes que enviarla por correo.

¡Trata a tus hijos mejor que a tus vecinos!

Esta mañana le prometiste a tu hio de cinco años que jugarías pelota con él. Ahora son las tres de la tarde y él te pregunta:

—¿Cuándo vamos a jugar?

—En un minuto.

—¿Cuándo?

—Pronto.

A las cuatro, te vuelve a preguntar:

—En un minuto.

Alguien toca a la puerta. Es tu vecino, Rudy.

—Hola, Rudy. Pasa. Siéntate. ¿Quieres una cerveza? ¿Qué tal tu semana? ¿En qué andas? ¿Quieres queso? Aquí hay galletas.

Tu hijo te vuelve a preguntar.

—Ahora, no —dices—, ¿no ves que aquí está Rudy?

Mientras tanto, Rudy ya se apoltronó en el sofá. Ya se terminó el queso y te aburre a muerte, pero piensas que es mejor ser educado: "¿Otra cerveza, Rudy?"

Andrew Matthews

¿Por qué tanto esfuerzo en impresionar al vecino? ¿Quién te importa más? Si hiciste una promesa a tu hijo, mantenla.

Los padres les hablan a los hijos como nunca le hablarían a los vecinos. ¿Crees que un papá le diría al vecino: "Rudy, eres un idiota", "Rudy, no tienes salvación"? Pero se lo dicen todo el tiempo a sus hijos. Bastan unos segundos para humillar a un niño y demoler su espíritu.

Sólo un segundo lleva decirle "Eres un inútil."

Para reparar el daño apenas serían suficientes cientos de "te amo" y "estoy orgulloso de ti."

"Les di respeto a los bullies"

La historia de Helen

Cuando era niña me molestaban siempre en la escuela. Una niña, Natalie, me perseguía. Criticaba mi ropa, mis zapatos, se reía de mi manera de hablar y de lo que decía. Esto puede parecer poca cosa, pero cuando tienes seis años, o diez, y sucede a diario, te hace mucho daño.

Los maestros me dijeron que era normal y que me endurecería. Natalie fue minando mi autoestima durante seis años. Nunca supe por qué, simplemente asumí que algo estaba mal conmigo.

La cruzada de Natalie lanzó una pesada sombra sobre mi adolescencia. Natalie me convenció de que era fea. Me volví aislada y muy autocrítica. Incluso sobreanalizaba mis decisiones y me castigaba mucho. No fue sino hasta la mitad de mis veintes que me recuperé.

Cuando me volví maestra de niños de once a dieciséis años, estaba determinada a lidiar con todo el bullying que descubriera con cuidado y consideración, como me hubiera gustado que me trataran cuando era yo la víctima.

Recuerdo que una vez, un chico llamado Liam se metió en problemas por pelear. No era el tipo de chico que se mete en problemas, así que tuve una plática con él.

Resulta que estaba siendo acosado. Un grupo de siete niños se burlaban de él. Me dijo que sus padres le habían aconsejado pegarle a cualquiera que lo molestara. Como todos los niños, no quería contarme los detalles, pero cuando le aseguré que todo estaría bien, me dijo sobre los estudiantes que lo insultaban.

"¿Qué te da el derecho?"

Me reuní con los siete chicos en el pasillo. Mi intención no era avergonzarlos, sino sacar lo mejor de ellos. Dije, "estoy sorprendida de escuchar esto, todos son jovencitos muy decentes."

Sentí simpatía por el chico y les conté mi preocupación. Sin juzgarlos y con toda la consideración posible, les pregunté: "¿Se dan cuenta de que están abusando de este chico?"

Les pregunté: "¿Qué les da el derecho a burlarse de él?"

Dos de ellos se pusieron a llorar inmediatamente. Los otros se quedaron en silencio y se sentían en realidad apenados. Sin que yo se los pidiera, me pidieron disculparse con el chico, y lo hicieron. Hasta donde sé, no volvió a suceder.

¿Por qué fue exitosa mi estrategia? Los bullies no se sintieron victimizados ni etiquetados. Simplemente ellos necesitaban un adulto comprensivo que revelara cómo su comportamiento le estaba haciendo daño a otra persona. Mantuvieron su dignidad y fueron capaces de sacar a la buena persona que todos tenemos dentro.

Habilidades para lidiar

¡Qué diferente habría sido mi infancia! Nadie me enseñó habilidades básicas que me habrían ayudado a lidiar con Natalie:

- Puedes irte. Sólo porque alguien esté abusando de ti no tienes por qué quedarte ahí y aguantarlo.
- NO tienes que estar en lo CORRECTO. No te tienes que quedar a discutir.

La gente dice "el acoso la hará una persona más fuerte." Muchas cosas te fortalecen. El cáncer te fortalece. Perder a tu hermano, como me sucedió a mí, te fortalece. Pero no le desearía eso a nadie.

Si un maestro, o el padre de Natalie, hubiera intervenido oportunamente y le hubiera preguntado, "¿Qué te da el derecho a criticarla?", ¿qué tan distintas habrían sido las cosas?

email de Helen: helenpeuleve@hotmail.co.uk

Los chicos buenos cometen errores

No todo el bullying es vil y premeditado. A veces, los niños están siendo niños, a veces es sólo desconsideración. Muchos niños pueden simpatizar con los demás. Con un poco de empuje, la mayoría podrá comprender el punto de vista del otro.

En pocas palabras, no todos los casos de bullying necesitan ser resueltos con un martillo.

Alabanzas y críticas

Cuando halagas a alguien, suele hacer dos cosas:

1. Admite abiertamente que puede hacer aún más.
2. Trata de ser mejor.

Cuando criticas a alguien:

1. Se defiende.
2. No intenta mejorar.
3. ¡Además es casi seguro que te odiará!

EJEMPLO: Le dices a tu vecina: "¡Eres una excelente madre." Te dirá: "Podría ser mejor. Cometo muchos errores." Pero intenta decirle a Wendy lo que ya sabe: "Podrías ser una mejor madre. Cometes muchos errores." ¿Y entonces? Probablemente recibirás una bofetada.

De la misma manera, si le dices a un bully: "Eres un buen chico. Puedo ver que eres una persona amable", se quedará helado. Reflexionará sobre cómo ser mejor.

En cambio, dile al mismo chico: "Eres malo, eres un perdedor. No tienes futuro." Él pensará: "¿Para qué hacer un esfuerzo entonces? Probablemente tenga razón."

La vergüenza y el castigo no son toda la solución del bullying. Si sólo avergüenzan y molestan a un bully, él puede decidir: "Soy una mala persona y la próxima vez que les haga algo que los dañe me aseguraré de que no me atrapen."

En pocas palabras, cuando ves lo mejor en las personas, ellas ven lo mejor en sí mismas.

Dos tipos de alabanza

Es importante qué tipo de halagos hacemos. Stan Davis dice:

Podemos decirles a los jóvenes que son listos o que han trabajado duro. ¿Hará una diferencia?

Yo solía decirles a mis hijos que eran listos o talentosos. Después conocí las investigaciones de la doctora Carol Dweck, quien encontró que los jóvenes que son halagados de esta manera la pasan mal cuando se equivocan. Encontró que los chicos que piensan: "Me fue bien en esa materia, eso significa que soy listo", se pueden sentir tontos cuando les va mal en otra. Estos estudiantes sólo levantarán sus manos cuando estén seguros de que están en lo correcto, y dejarán de intentarlo si sacan malas calificaciones.

Pienso en el maestro de música que me dijo: "Nunca les digo a mis estudiantes que tienen el don de la música, porque entonces dejan de practicar."

Por otro lado, cuando les decimos a los chicos lo que los vemos hacer, los ayudamos a darse cuenta de que el aprendizaje requiere trabajo duro. En lugar de decirse "Soy listo", dicen: "Debo trabajar duro y no rendirme." Dweck ha encontrado que estos estudiantes siguen intentando cuando el trabajo se vuelve más difícil.

Podemos decir: "¡Seguiste practicando hasta que aprendiste a andar en bici!" "Tuviste muy buenos modales en la mesa." "Seguiste trabajando y terminaste tu tarea." "Te controlaste cuando debías esperar."

Ésta es una de las series de mensajes prácticos de Stan Davis, autor de Schools Where Everyone Belongs, accesible en www.stopbullyingnow.com

Lo que puedes hacer

14

"Acosada toda mi vida"

La historia de Tori Matthwes-Osman

Sentada en el suelo de la cocina, paso el cuchillo por mi muñeca, aplico más y más presión. La hoja corta mi piel y miro cómo brota la sangre. He tocado fondo.

Recuerdo pequeños detalles de mi pasado. Cosas que me trajeron aquí.

2000: Escuela primaria

Cinco años y comienzo la escuela primaria: fue el año en que mi papá se fue de casa y cuando el acoso comenzó. Era tranquila y tímida. Hice un gran esfuerzo en mi salón. Los chicos me llamaban "fea", "consentida", "sinamigos."

Mi mamá estaba pasando su propio infierno. No quería preocuparla más así que no le dije nada durante todo el año. Siempre le dije que estaba bien. Nunca me he sentido más sola que entonces. Mi mamá pensó que estaba tratando de lidiar con el desastre en casa.

Mi mamá me llevaba a la escuela todos los días. Cuando llegábamos a la puerta, no quería dejarla ir y yo me preguntaba: "¿Qué me pasará hoy en el salón?" Recuerdo hacer berrinches cuando mi mamá se iba, lloraba y pataleaba. El solo pensamiento de la escuela me enfermaba. Una maestra me tenía que arrastrar y me llevaba al salón.

2003-2006: más acoso

La primaria fue un infierno diseñado para torturarme. Recuerdo las innumerables ocasiones que lloré por la noche, temiendo el siguiente día, sintiéndome enferma. Tenía dolo-

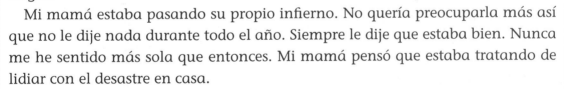

66 *La primaria fue un infierno diseñado para torturarme.* 99

res de cabeza y vómitos. Lloraba en cama, antes de alistarme para la escuela, y ahí, en el recreo o en medio de la clase, y después de la escuela.

Hice todo lo que pude para evitar la escuela, para librarme de los bullies y sus bromas. Aunque fuera por un día.

Recuerdo a la pobre de mi mamá que no sabía qué hacer. Estaba desesperada por conseguirme ayuda. Muchas veces la vi furiosa con la escuela por no hacer nada. Incluso le gritaba al director: "¡Haga algo!"

Los maestros prometieron ayudar. Cada que recuerdo el pequeño rayo de esperanza que me dieron... El acoso se detenía un día o dos, máximo, y después comenzaba todo de nuevo.

2007-2010: preparatoria

Estaba tan nerviosa de comenzar la prepa. No tenía amigos ahí, había escuchado que los bullies en la prepa eran implacables, y era verdad.

Ahora los chicos se unían a las chicas con insultos sexuales y humillaciones. Todo era más vicioso. Cualquier apodo que se pueda ocurrir, me lo pusieron: "puta", "ramera", "cualquiera", "prostituta."

Los chicos hacían comentarios sexuales sobre mis pechos, llamándolos melones, y trataban de tocarlos, y a veces lo lograban. Me sentía tan humillada, avergonzada y horrenda. Me preguntaba si era algún tipo de fenómeno.

Pienso en las amenazas por Facebook: "Te voy a golpear" "¡Ten cuidado!" Recuerdo tratar de evitar a los bullies en el descanso. Estaba tan asustada aquellos días, me la pasaba comiéndome mi *lunch* sola en el baño, escondida hasta que empezaba la clase.

Mientras me corto la muñeca no puedo evitar que pasen pensamientos por mi cabeza como: "Quizás tenían razón." "Quizás soy una inútil, buena para nada, un desperdicio de espacio. Soy horrible, ¿no es así? Soy gorda y fea."

Una ola gigantesca de dolor, ira y desesperación ha ido creciendo en mí durante once años. Ahora estoy en el suelo sangrando, llorando hasta no poder más. No estoy tratando de matarme; pero es que no sé que hacer. Sólo quiero que el dolor desaparezca.

Qué gracioso, ¿no? Cuando estás sufriendo tanto por el dolor emocional, te cortas. Te lastimas más para que la vida no lo haga tanto. No tiene sentido, pero así hacemos los chicos cuando hemos sido abusados. Los hombres también lo hacen pero no hablan de ello.

Mamá llega a casa

De repente me doy cuenta de que mi mamá y mi hermano llegarán pronto. Voy al baño y me limpio, me bajó las mangas y me trato de serenar. Todo parece normal: mi mamá nunca se enterará. Pongo música muy alto. Mi mamá y mi hermano no tendrán idea de lo que sucedió.

Unos días después, mi mamá me lleva a hacerme algunas pruebas de sangre, me levantó las mangas y mi mamá ve las cicatrices en mi muñeca. Cuando llegamos a casa, mamá me pide una explicación.

No puedo ponerlo en palabras, apenas le digo: "Me dio pánico. Todo me afectó", y susurro: "Lo siento."

Mamá está triste y desilusionada y me hace prometerle que nunca volveré a cortarme. Casi pasó un año ahora y me siento orgullosa de decir que he cumplido mi promesa. El bullying continúa pero lo estoy manejando mejor.

Nunca le desearía esto a nadie.

Lo que una adolescente ha hecho

A pesar de todos los años de acoso, Tori se ha decidido a detener el bullying. Ofrece presentaciones sobre la vida en la preparatoria y el bullying a primarias de su localidad y a grupos de padres.

Cuando tenía sólo catorce, Tori escribió un libro semiautobiográfico sobre el bullying llamado *Morgan's Story.* Recibió una beca para publicar su manuscrito y el libro salió a la venta en 2008.

En septiembre de ese año fue invitada a estar en el panel de una discusión pública sobre bullying y compartió el escenario con un médico, un autor y un profesor de universidad. En 2009, Tori fue entrevistada para Four Corners, de la ABC.

Si una niña abusada como Tori puede hacer todo esto, ¿qué estamos haciendo nosotros?

> *Nunca dudes de que un pequeño grupo*
> *de ciudadanos comprometidos, considerados,*
> *puede cambiar el mundo;*
> *de hecho, es lo único que lo ha logrado.*
>
> **Margaret Mead**

Los adultos deben actuar

Si tu hijo tiene cáncer, ¿qué haces al respecto? Cancelas tus compromisos y haces de sus citas médicas tu prioridad. Tomas tiempo del trabajo y buscas la mejor ayuda posible. Cancelas tus vacaciones y comienzan el tratamiento cuanto antes. Intentas cualquier cosa.

Pero cuando un chico está siendo acosado y está en sufrimiento, ¿qué hace la mayoría de los padres? Nada.

El bullying es un cáncer. Los chicos están sufriendo y algunos están muriendo. Los padres de los niños que se quitan la vida dicen: "Si tan sólo hubiera sabido lo serio que era..."

La gente dice: "¡Alguien haga algo! El gobierno debería hacer algo." ¡No esperes al gobierno! Los gobiernos no son buenos en hacer las cosas rápido.

Seamos realistas. Los niños no van a arreglar el bullying, ¡tampoco el gobierno!

Algunos padres dicen: "¡Pero el bullying está en todas partes!" ¿Qué puedes hacer? El cáncer también está en todas partes, pero no nos rendimos. Esto es lo que algunos han hecho:

Walter Mikac-la Fundación Alannah y Madeleine

La esposa de Walter y sus dos hijas estuvieron entre las treinta y cinco personas asesinadas en la peor masacre en la historia de Australia, en Port Arthur, Tasmania, en 1996. Walter estaba determinado a hacer algo positivo con su devastación.

Junto a un pequeño grupo de voluntarios formó la Fundación Alannah y Madeleine para ayudar a niños que son víctimas de la violencia.

La Fundación creó el programa Mejores Amigos para apoyar a niños de primaria. Los estudiantes en su primer y último año se hacen amigos y aprenden sobre la amistad y los lazos. Los más chiquitos se sienten cuidados, y los mayores se sienten admirados y respetados.

La fundación formó el Centro Nacional Contra el Bullying y recientemente su efectivo programa fue introducido en instituciones de Dinamarca.

Michele Elliot, OBE

En 1985, Michele Elliot fundó "Kidscape", la primera asociación caritativa para niños abusados y acosados.

Hoy, más de dos millones de niños utilizan los programas de Kidscape.

La historia de Michelle Kidscape

En los años setenta me mudé al Reino Unido. En mi nuevo trabajo en Londres, hablaba regularmente con grupos comunitarios sobre abuso infantil. Después de dar una presentación a aproximadamente doscientas enfermeras o doctores, se formaron filas de veinticinco personas esperando para contarme su propia historia trágica.

Mi experiencia sugería que alrededor de diez por ciento de niños en el Reino Unido habían sufrido de abuso sexual por parte de sus padres, niñeras, vecinos o familiares. Pero las autoridades no estaban haciendo nada.

"¡Aquí no hay ningún problema!"

Organicé una reunión con el Departamento de Salud para discutir el problema. Me senté con cuatro ejecutivos del gobierno que me dijeron: "No tenemos un problema de abuso infantil en este país. Ni siquiera tenemos una categoría para eso en el registro de riesgos." "Tenemos entre diez y veinte casos al año en toda Inglaterra."

Tan sólo en mi pequeño rincón londinense, yo estaba viendo treinta casos por semana. Hice una encuesta en cuatro mil escuelas en donde pregunté a los estudiantes: "¿Qué te preocupa?" La respuesta, sobrecogedora, fue: "Me da miedo ir a la escuela." Alrededor de cuarenta por ciento de los niños estaban afectados por el bullying.

"¡No hay problema!"

Después me reuní con el Sindicato Nacional de Maestros. Ante ellos expuse: "Tenemos que hacer algo con este problema." Ellos me dijeron: "El bullying sólo afecta a uno o dos por ciento de los niños. No hay problema."

Estaba paralizada. ¡Tenía que hacer algo! Le dije a mi esposo, Ed, "voy a renunciar a mi trabajo y abrir una asociación para ayudar a estos chicos." Había muchas razones para no hacerlo:

- No teníamos dinero extra.
- Teníamos dos hijos.
- Nuestra familia tendría que sobrevivir con el salario de Ed solamente.
- No tenía oficina.
- ¡No tenía idea de cómo dirigir una asociación!

Ed estuvo conmigo. Todo lo que sabíamos era que había que ayudar de inmediato a estos chicos.

Puse mi oficina en un cuarto de dos por dos en la parte trasera de nuestro departamento. Era como un clóset.

Hice entrevistas de radio. Escribí a todos los periódicos. Pronto estábamos inundados de llamadas veinticuatro horas al día.

Hice presentaciones para educadores y policías. Escribimos programas para escuelas. Distribuimos panfletos. Escribí libros.

Ya no teníamos espacio ni dinero cuando un hombre, John Hadjipateras, sugirió que no se podía dirigir una asociación desde un armario. Nos ofreció espacio, y una fotocopiadora, en sus oficinas de Londres. Incluso donó diez mil libras para ayudar a que Kidscape continuara con sus proyectos.

Gracias a la generosa colaboración de un equipo de personas comprometidas, hemos crecido y ahora somos una organización nacional.

ZAP

Nuestro curso de un día para chicos abusados, ZAP, ha sido una revelación. Construye la confianza de los niños, les enseña a interactuar con otros niños, descubren su valía.

Durante cuatro años monitoreamos nuestros resultados ZAP. Hacíamos que los chicos llenaran cuestionarios antes y después del curso; los resultados mostraron que ZAP redujo el bullying ochenta por ciento.

En Kidscape damos capacitación a entrenadores. Producimos folletos, posters y videos. Además, nuestra página, http://www.kidscape.org.uk, sigue creciendo día con día. Nuestro mensaje comienza a ser global: los programas de Kidscape ya han sido traducidos al portugués, español, griego, polaco y japonés. ¡Y adivina qué! El Departamento de Salud es ahora el mayor donador de la asociación.

¿Qué hubiera pasado si Michele Elliot hubiera dicho: "Éste no es mi problema"? ¿Si hubiera pensado: "Cómo es posible que una sola persona haga la diferencia"?

Kidscape fue nombrado Programa de caridad del año en 2000. Michele recibió un OBE de la reina en 2008 y fue declarada Campeona de los niños y jóvenes en 2009.

En pocas palabras, comienza lo que sea con lo que tengas. Si te importa lo suficiente, y si eres comprometido, la gente te dará su apoyo.

GenAUSTIN

Originalmente llamado el Proyecto Ofelia, GenAUSTIN (Red de Empoderamiento Femenil, por sus siglas en inglés), fue creado en 1996 por doce madres preocupadas que criaban chicas adolescentes en Austin, Texas.

Estaban preocupadas de que tantas chicas sufrieran de baja autoestima, dietas pobres, abuso de alcohol y drogas, depresión y bullying.

Crearon un programa para apoyar y guiar a las chicas durante su paso por la adolescencia.

GENaustin tiene talleres y conferencias y un periódico. Entrena a adolescentes mayores para ayudar a las menores en la escuela. Opera en más de cincuenta escuelas de Texas y, hasta hoy, alrededor de 3 500 chicas están involucradas en el programa.

Stan Davis

Consejero escolar, Stan comenzó a repensar la prevención del bullying cuando descubrió que la mayoría de los consejos no funciona para los jóvenes.

En la escuela primaria Bean, en Main, Estados Unidos, Stan se apoyó del trabajo del doctor Dan Olweus y otros investigadores para crear un programa antibullying que describe como una asociación entre personal y estudiantes.

Entre 1999 y 2006 redujeron el bullying de la escuela en un ochenta y nueve por ciento.

Los libros de Stan se han vuelto manuales de cabecera para escuelas comprometidas con la bondad. Stan es fundador de la Asociación Internacional de Prevención del Bullying.

Mantiene la página: http://www.stopbullyingnow.com.

En pocas palabras, ¿tus hijos se sienten a salvo en la escuela? Si no, ¿qué estás haciendo al respecto?

Cambiando escuelas

La historia de Paul y María

Metimos a nuestra hija, Lea, en la escuela más cara y prestigiosa porque pensamos que era la mejor. Lea adoró los dos primeros años, pero en tercer año el bullying y la exclusión comenzaron. La insultaban, nadie jugaba con ella y sus amigas ni siquiera le hablaban.

Nos reunimos con el maestro de Lea para tratar de arreglar el problema. Nos preguntó si había sufrido algún trauma recientemente. Nosotros contestamos: "Sí, ¡AQUÍ!"

Su maestro sugirió que la involucraramos en deportes como voleibol, y así lo hicimos, pero el bullying continuó y el maestro no parecía tener más interés en solucionar el problema.

Vimos cómo nuestra hija descendía lentamente al abismo. Estábamos devastados y nos sentíamos solos.

De nuevo, tuvimos reuniones con el director sin resultados. Casi a diario, Lea amenazaba con escapar de la escuela y regresar sola a casa. Nos rogaba que la mandáramos a cualquier otra escuela.

Nos preguntamos: "¿Por qué estamos gastando nuestros ahorros en resultados tan desilusionantes? ¿Qué sentido tiene si nuestra hija es miserable todos los días?" Desesperados, sacamos a Lea de la escuela y la metimos a una primaria pública cerca de la casa.

El cambio fue inmediato y profundo. El primer día, el maestro y todo el salón la hicieron sentir bienvenida. Dos niñas la tomaron de la mano y le mostraron la escuela. Lea ha sido una niña feliz desde entonces.

Ahora, cuando la llevamos a la escuela todos los días es saludada por otros niños. No es una escuela de ricos pero es un lugar amigable. Lea es ella otra vez.

¿Qué aprendimos? El dinero no tiene que ver, necesariamente, con la buena educación.

NO todas las escuelas son la misma. Un niño miserable no puede aprender. Los padres deben hacer lo que sea, y a veces eso significa cambiar de escuela.

Escuelas: ¿qué pueden hacer los padres?

Si planeas meter a tu hijo a una escuela, averigua antes qué programas antibullying tienen. La única política que funcionará será aquella que brinde apoyo a todos, encabezada por el director, hasta los maestros, prefectos, conserjes y todo el personal que trabaje en la escuela; se debe incluir, obviamente, a los alumnos.

Si tu hijo está siendo acosado en la escuela, quéjate hasta que algo suceda. La escuela tiene la tarea de proveer un ambiente sano de aprendizaje. Tu hijo tiene el DERECHO de estar seguro.

Habla con sus maestros. Si nada mejora, habla con el director. Si nada pasa, insiste con el director. Contacta a la administración de la escuela, al congreso, escribe al periódico local.

Si el bullying en la escuela está muy extendido, consigue firmas de los padres. Organiza un grupo de padres preocupados y recoge documentación y evidencia del bullying. Cuando te reúnas con padres de familia en la escuela, hazlo siempre con espíritu cooperativo.

Un programa escolar integral

Un programa antibullying exitoso no es un accesorio en donde un maestro pega algún poster de "cero tolerancia."

La fundación de un programa exitoso que se ocupa no tanto de cómo se castiga a los bullies sino de cómo piensa toda la escuela, debe reunir algunos elementos:

- UN DIRECTOR con el valor de cambiar la cultura de la escuela.
- Un grupo de MAESTROS lo suficientemente preocupados para cooperar en un programa consistente.
- REGLAS CLARAS. El personal y los estudiantes deben saber exactamente qué está permitido y qué no.
- CONSECUENCIAS iguales para todos.
- Un grupo de PADRES que decidan que ya fue suficiente.

Las escuelas que reducen el bullying enseñan justicia y tolerancia como parte de su currícula: en los salones de clases, en asambleas, en producciones teatrales, en el patio.

Los estudiantes nuevos son bienvenidos, las diferencias entre ellos son recibidas con los brazos abiertos.

Estos libros contienen estrategias antibullying que funcionan:

- Stan Davis y Julia Davis, *Empowering bystanders in bullying prevention*, Research Press, 2007.
- Stan Davis y Julia Davis, *Schools where everyone belongs: practical strategies in reducing bullying*, Research Press, 2007.
- Michele Elliot y Jan Kilpatrick, *How to stop bullying: A KIDSCAPE training guide*, Kidscape, 1994.
- Michele Elliot (ed.), *Bullying: a practical guide to coping for schools*, Longman, 2002.

En pocas palabras, el bullying sucede porque lo dejamos suceder.

Amabilidad

15

Tres cosas en la vida son importantes.
La primera es ser amable.
La segunda es ser amable.
La tercera es ser amable.
Henry James

La historia de Joann

Durante mi segundo año en la escuela de enfermería nuestra maestra nos dio un examen. La última pregunta era: "¿Cómo se llama la persona que limpia la escuela?"

Debía ser una broma. La había visto muchas veces, ¿pero cómo iba a saber su nombre? Entregué mi examen con esa pregunta en blanco. Antes de que terminara la clase, un estudiante preguntó si esa pregunta valdría puntos.

"Absolutamente", dijo la maestra. "En sus carreras conocerán mucha gente. Todos son significativos. Merecen su atención y cuidado, aunque lo único que hagan sea sonreír y saludar."

Nunca olvidaré esa lección. Tampoco que el nombre de aquella persona que hacía el aseo es Dorothy.

¿No es ésta una historia para cada salón de clase?

Debemos tratar con respeto y amabilidad a los demás. A su vez, los profesores, así como nos enseñan química, pueden darnos muestras o enseñanzas de amabilidad, de esta manera se combate más al bullying.

Nuestra mejor defensa contra la epidemia de bullying es la amabilidad: enseñar amabilidad sin sermones, sino con el ejemplo.

Imagina esto: una escuela en donde a los niños se les enseña cómo hacer amigos y la importancia de jugar con todos. Imagina una escuela en donde los niños practiquen hacerse cumplidos los unos a los otros.

Imagina una escuela en donde todos los niños hagan películas sobre los efectos dañinos del bullying.

Imagina un currículo de materias en donde los niños estudien héroes de la vida real, no aquellos que disparan a la gente, sino aquellos que la ayudan.

Buenas noticias: estas escuelas ya existen y han cortado el bullying a la mitad. La amabilidad cura pero no es un tratamiento que te pones como una venda. Necesitas inyecciones diarias.

Pasamos mucho tiempo animando a nuestros hijos a competir el uno contra el otro, y muy poco enseñándoles a ser amables. Y aún así, la mayoría de ellos crecen y llegan a ser bastante decentes y considerados.

¡Imagina lo que sucedería si la amabilidad fuera una prioridad!

Andrew Matthews: Conferencista

Andrew Matthews ofrece conferencias en todo el mundo. Se ha dirigido a más de mil corporaciones en los cinco continentes. Andrew da charlas en bancos, hospitales, insituciones gubernamentales, prisiones y más lugares; además, se ha presentado en más de quinientas universidades y escuelas en todo el mundo. Sus temas incluyen:

- Actitud.
- Lidiar con desastres.
- Abrazar el cambio.
- Balance vida/trabajo.
- Prosperidad y éxito.
- Bullying.

Para contactar a Andrew puedes escribir a su *e-mail*: info@seashell.com.au. O bien, dirígete a su página electrónica: www.andrewmatthews.com.

La gente opina sobre el bullying
- "Cuando todo el mundo se levanta a observar, sientes que lo mereces."
- "Heme aquí, treinta años después, y el bully aún controla mi vida."
- "Puedo recordar cada palabra que me dijeron. He escuchado sus burlas durante toda mi vida."
- Abuela, por favor, vive una vida larga. Padre, gracias por el viaje a Australia. Madre, gracias por las comidas deliciosas. Yo quería vivir más tiempo, pero..."
- "No quiero terminar con mi vida, pero es la única manera de terminar el dolor."

¿Cómo se salió el bullying de control? Porque la mayoría de nosotros somos OBSERVADORES. Sabemos que esto está sucediendo y no hacemos nada.

¡Alto al bullying! es sobre la acción que todos podemos tomar, que debemos tomar a partir de este preciso momento.

Este libro se terminó de imprimir en el mes de
abril de 2012, en Edamsa Impresiones S.A. de C.V.
Av. Hidalgo No. 111, Col. Fracc. San Nicolás Tolentino C.P. 09850,
Del. Iztapalapa, México, D.F.